岩原信守

武士の実像

元就出版社

前がき

武士を肌身に感じるような具体的な姿で捕らえてみたい、というのが私の念願でした。それで、武士はどのように生き、どのように行動し、どのように死んでいったのか、その具体例を広く収集し整理してみました。そこには、武士のいろいろな側面が顔を見せてくれます。それぞれの場における武士の行動には、私たちに感動を与えてくれるものも数多く含まれています。一例を挙げると、

ある下人が殉死に当たって詠んだ辞世の歌、

〝死にともな　ああ死にともな　さりとては　君の情けの　今は恨めし〟

（解釈　死にたくない、ああ死にたくない、それにしても、主が情けを懸けてくれたことが、今となっては恨めしい。主の情けが無かったら、自分は死ななくてよいものを）（本書128ページ）

何と正直で素直な表現でしょう。その心からの叫びは、読む人に感動を与えずには置かないと思います。そのような感動をできるだけ多くの人に伝えたい、と思ったことも、この本を書いた理由の一つです。

本書の内容は、戦国期から戦国の気風の残る江戸初期までを取り上げました。資料としたの

は、主に江戸時代から現代までに書き伝えられたものです。伝えられて来た事柄だけでは理解に困難と思われるものには、私なりの解説を加えました。また、内容の理解を助けるために、参考資料を付けた箇所もあります。それらによって全体として分かり易い文になったと、ひそかに思っています。

この本を書くに当たっては、数多くの資料を使用させて頂きました。古文の資料は現代文に直して使用しました。先学諸氏の御著者を多数参照させて頂きましたこと（巻末に明示）、その恩恵に心から感謝しています。

平成十七（二〇〇五）年一月

岩原　信守

武士の実像——目次

12 人と付き合う 142

13 人をかばう 154

武士の実像

装幀——純谷祥一

1　立派に死ぬ

武士には武士としての誇りがありました。

本書の中から武士が誇りを持つことを示す一例を取り出すと、姫路城主池田利隆と、先君に殉死しようとする伴玄札《ばんげんさつ》との問答（本文10(3)池田利隆―殉死を止める129ページ）の中で、玄札が、

「仰せの趣意承りました。侍と言われるほどの者が、刀を腹に突き立てながら、今さら中止すべきではありませんが……」

と答えています。この言葉の背景にあるのは、侍＝武士は誇りある者として、本人も自覚し、他人もそれを認めていた、ということです。

武士は戦いに臨んで万策尽きた時、その誇りを守ろうとする一途《いちず》な心が「立派に死ぬ」ことを実行させたのです。この場合、そうすることが、武士の誇りを守る唯一残された道だったのです。

(1)　魚津《うおづ》城兵―全員切腹

北陸地方は南から北へ、越前（福井県）・越中（富山県）・越後（新潟県）と並んでいます。織田信長が越前を支配下に置いた当時、越後は上杉景勝の領地でした。

越前と越後の間に挟まれた越中は、織田・上杉の勢力が入り交じり、両軍争奪の場となっていました。

天正十（一五八二）年三月、上杉景勝と同盟した一向一揆が、織田信長支配下の富山城を攻め落としました。信長は、柴田勝家・前田利家らを大将として富山城を攻めさせ、富山城を織田方の手に奪い返しました。

柴田勝家らはその勢いで、富山城に近い上杉方の魚津城《うおづ》（富山県）を取り囲んだのです。魚津城では、すぐに上杉景勝へ救援を求める使者を送りました。

そのころ、武田勝頼を滅ぼした織田の大軍は、まだ甲斐《かい》（山梨県）・信濃《しなの》（長野県）に滞陣していて、景勝は本拠である春日山城《かすがやま》（新潟県上越市）を留守に出来る状況ではありませんでした。そのうちに信長が直属の軍兵を率いて、東海道を通って安土城（滋賀県）へ向かったとの知らせを受けて、景勝はようやく魚津城の救援に向かうことにしました。

景勝が春日山城を出発し、魚津城の東側にある天神山城に着いたのは五月でした。景勝が天神山城に入ったと聞いた織田の残留軍は、天神山城に押しかけ、激しく攻め立てました。

一方、景勝が春日山城を留守にしたことを知った織田方の部将、森長可《ながよし》・滝川一益《かずます》らは、景勝のいない間に春日山城を攻めよう、と、越後へ軍を進めました。景勝は本拠である春日山城が危ないと知ると、すぐに越後へ引き返す決心をしました。景勝としては、魚津城救援をあきらめざるを得ない状況になったのです。

魚津城内ではすでに矢弾《やだま》も使い果たし、食糧もほとんど底を突いていました。城兵たちは命の限り戦ったのですが、体は疲れ果て、気力も尽きてしまって、城は落ちる寸前の状態になりました。六月三日、城将中条景泰《なかじょうかげやす》と城兵は、今はこれまでと一か所に集まり、「敵のために生け捕られて武名を汚すのも口惜しい。各々一同に腹かき切って、名を後世に残そう」

と、相談し合いました。そして、短冊形の板に自分の姓名を書き、それに小刀《しょうとう》の先で穴を空けて針金を通し、その針金を耳に突き通して結び付けました。それから一緒に腹を十文字にかき切り、互いに刺し違えて果てました。すさまじいばかりの死の演出です。まさに、彼らに唯一残された武士の誇りの道を立派に実行したのです。

この時切腹した者の氏名は、後世まで記録として残され、それぞれの子孫は、上杉景勝に取り立てられたということです。

(2)　松永久秀《ひさひで》―百会《ひゃくえ》の灸《きゅう》

一人の老人が、

「年を取ったので、今さら養生することもない」

と言ったのを、ある人が諫《いさ》めて、

「一夜の宿も雨露が漏るのはよくない。むかし松永久秀が、織田信長と戦って負け、自害することになった時、百会《ひゃくえ》の灸《きゅう》という頭のてっぺん脳天へ灸をすえて言うには、『これを見る人は、いつのための養生かときっとおかしく思うであろうが、わしは、常に中風《ちゅうふう》になることを心配し、恐れている。死に臨んでもし突然中風が起こって、体が思うようにならず、腹を切る刀を持つ手が動かなくなったら、人に臆病風に吹かれたと笑われるであろう。そうなったら、わしの今までの武勇はすべて無駄になってしまう。百会の灸は中風の神灸《しんきゅう》であるから、しばらくその病を防いで、快《こころよ》く自害するためである』と言って、灸をすえて後、腹を切ったという。名を惜しむ勇士は、このようにありたいものだ」

と、その人は言いました。人は死ぬまで、心を引き締めて生きなければならない、というのです。

松永久秀は織田信長に従っていましたが、後に信長に反抗して、信貴山城《しぎさん》（奈良県）に立てこもりました。信長は大軍を遣わして信貴山城を包囲させたので、久秀は敗れて自害しました。久秀が灸をすえた後に腹を切ったのはこの時のことです。

松永久秀という男は、歴史上すこぶる評判の悪い武将ですが、なお、武士の誇りを失わず、武名を惜しんで立派に最期を飾ることを心懸けたのです。

(3) 明智光春―最後の始末

明智光秀は織田信長を本能寺で討った後、安土城（滋賀県）を奪って、明智光春に守らせ、自身は羽柴秀吉と戦うために、山崎（京都府）へ向かいました。

光春は安土城に居ましたが、光秀のことが気に懸かり、心配です。時がたつにつれて山崎の戦いが不安になり、光秀に加勢しようと山崎へ向かいました。

けれども途中で、はや光秀は討たれた、とのうわさを聞いて、明智の本拠地である坂本の城

（滋賀県）へ向かうことにしました。琵琶《びわ》湖の南端を回って大津まで来ると、大津はすでに秀吉の先陣、堀秀政の軍勢が占領していました。

陸地は秀政の軍勢でふさがっているので、光春は止むを得ず、琵琶湖へ馬を乗り入れ泳がせました。秀政の軍勢は水際に並んで、光春のおぼれる有様を見ようと眺めています。

光春は長い間、坂本城に住んでいたので、この辺りの土地の様子はよく知っています。大津から唐崎《からさき》まで約四キロの浅瀬を、大鹿毛《おおかげ》と名付けた名馬で乗り切り、唐崎の浜に上がりました。松の木陰でしばらく馬を休めて、追って来る敵を見て、再び馬に乗り坂本に着きました。お堂の前で馬を下り、手綱でお堂に馬をつなぎました。そして、持っていた筆と墨を取り出して、

「明智光春が湖水を渡した馬なり」

と、木札に書いて、馬のたて髪に結び付けてから、光春は坂本城に入りました。

後にこの馬は豊臣秀吉の手に渡り、〝曙《あけぼの》〟と名付けられ、賤ヶ岳の戦いの時、大垣（岐阜県）から賤ヶ岳の秀吉の本陣木之本《きのもと》（滋賀県）まで、約五十二キロの道を乗り切ったということです。

むかし、後三年の役で、源義家に敗れた清原家衡《いえひら》は、秘蔵の名馬が敵の手に渡ることをねたましく思い、自分でその馬を射殺したと伝えられています。

それに比べて、光春の馬に対する扱いは、雲泥《うんでい》万里の振る舞いかな（天と地ほどもかけ離れた立派な行いだ）、と、人々は光春を褒《ほ》めたということです。

清原家衡は、名馬を利害で判断して殺し、明智光春は、名馬を愛情を持って敵に渡したのです。

光春は坂本の城に入り、最期を迎える準備に取りかかりました。城内に大切に保管してあった名品の数々、鎌倉時代の刀工来国行《らいくにゆき》・来国俊《くにとし》作の刀、同じく鎌倉時代の刀工粟田口《あわたぐち》藤四郎作の小脇差し、茶道具の名品奈良柴《しば》の肩衝《かたつき》・乙御前《おとごぜ》の釜《かま》などを、上着に包んでひもで縛りました。そして秀吉方の軍勢に向かって、

「光春自害するに、天下の名器を共に失うことは残念である。それゆえ目録を添えて進呈致す」

と言って、天守より綱でつり下ろしました。

また、兜《かぶと》に黄金百両を包んだ羽織を入れて、

「百か日の弔いを頼む」と、坂本の西教寺《さいきょうじ》へ届けてくれるよう依頼しました。

それが済むと大声で、

「城中まだ見苦しい物など有り、心静かに夜中をかけて取り片付け、明朝切腹致したい。今日の城攻め、猶予《ゆうよ》を願い奉る」

と呼ばわると、寄せ手も少し引き退きました。

死を前にした明智光春は、周りを清めて立派に死のうと考えたのです。

夜になって、大手門へ案内を申し入れた者がありました。入江長兵衛という者で、光春に対面したいと言います。光春は旧友でしたので、櫓《やぐら》の上から入江に会いました。いとま請いをした後、光春が入江に、

「わが身が死ぬこと、もうこれまでである。最期の一言を貴殿に残したい」

と語りかけました。入江は、

「何ごとであろうか」

光春は、

「自分は若い時から戦場に臨むたびに先駆けして働き、また、殿《しんがり》を守って手柄を立てることを心懸け、武名を揚げようと励んだ。

（戦場では、先駆けと殿《しんがり》は共に重大な役割を持っていました。軍勢が攻撃に向かう時は先駆けが一番大事で、軍勢が退却する時は殿が一番大事なのです。殿というのは、軍勢の最後尾に居て、追撃して来る敵と戦いながら、自身も軍勢に従って退却します。最も危険な役割です。味方の軍勢が損傷するかしないかは、殿の働きに懸かっているのです）

結局これは、わが身を殺し子孫の繁栄を思うためであった。けれども、天から与えられた寿命が縮まると、今日の自分のようになる。生前どれ程か危険を侵し、難儀と苦労を重ねたが、ついにわが身にも子孫にも報われることなく終わった。

貴殿も恐らくこのようになるであろう。同じことなら、むしろ人に仕えることを止め、身を安全な所に置き、危ないことはしないがよい。私から貴殿に黄金を贈ろう。これを資産にして、今後の生き方を考えられよ」

と、三百両を入れた皮袋を投げ与えました。

入江は光春の言葉に感じ、戦さが終わって後、主君に仕えることを止めました。そして京都に引きこもって資産を殖やし、富裕を楽しんで生涯を終えたということです。

光春は入江と分かれた後、思うままに城内の片付けを済ませ、翌日早朝、城に火を放って自害して果てました。

光春は、死を前にして自分の生涯を振り返り、それが失敗だったと思いました。そして、もし別の生き方があったとすれば、それはどのような生き方があるかを考え、それを友人入江に伝えたのです。光春が考えた別の人生を、入江が代わって成し遂げた、と見ることも出来るのではないでしょうか。

(4) 木村重成―勇士のたしなみ

木村長門守《ながとのかみ》重成は、ふだん物柔らかな人柄で、人の過《あやま》ちをとがめず、堪忍を第一と心懸けていました。それを人々はあざけって、

「長門は手ぬるくて、物の用に立たぬ男だ」

と、うわさするほどでした。

ある時、大坂城中でそそっかしい茶道《さどう》坊主と口論になり、茶道坊主が重成の烏帽子《えぼし》を扇子で打ちました。その時、重成は笑って、

「侍の法としては、お前は討ち捨てるべきものであるが、お前を殺せば拙者もまた死なねばならぬ。拙者は一大事があった時の御用に立ちたいと思うので、代えるべき命がない。それ故この場は見捨て置くぞ」

と、言いました。それを臆病な侍だとそしる者も多かったのです。

ところが大坂冬の陣で、東軍の佐竹義宣《よしのぶ》と西軍の木村重成が、今福《いまふく》（大阪市）で戦った時のことです。勝負はつきませんでしたが、重成の奮戦振りが大坂城中に伝わりました。後藤又兵衛は、その戦いを目の前で見て、大いに感嘆して人々に言うには、

「先年茶道坊主に言った言葉は、誠に今度のことを心懸けたためであろう」

と。人々は重成の忍耐と勇気を、改めて感賞しました。


大坂夏の陣の時のことです。重成は五月初めより食事が進まないので、妻が心配して、

「この度は落城が近いということですので、それでお食事が進まないのでしょうか」

と、尋ねました。重成は、

「全くそうではない。むかし後三年の役（源義家が奥羽の清原氏を討った戦い）に、瓜割《うりわり》四郎と言うひどく臆病な侍が、朝の食事がのどを通らないまま出陣し、敵陣で首を斬られた時、その傷口から食物が出て人々に恥をさらしたと言う。我らも敵に首を取られるであろう。死骸《しがい》が見苦しくないように心懸けて、食事を慎んでいるのだ」


妻は重成の言葉を聞くと、決然として自分の部屋に入り、心情を書き記した後自害して果てました。（本文14(4)木村重成の妻—夫への遺書176ページ）

重成は妻の死後、風邪《かぜ》に侵されて、身だしなみも整えずにいましたが、五月五日、風呂に入り髪を洗い、髪に香《こう》をたき込めました。やがて、謡曲〃紅花《べにばな》の春の朝〃を静かに謡い、一心に小鼓を打ちました。そうして翌六日、徳川方の井伊直孝（直政の子）と戦って討死《うちじに》しました。時に二十二歳でした。

家康が重成の首実検をすると、髪にたき込めた香《こう》のかおりが辺り一面に漂っています。家康は大いに感じて、人々に言いました。

「時は今五月《さつき》の初めであるのに、少しも首に臭気が無い。香をたき込めたことは、勇士の良いたしなみである。皆々寄ってその首を嗅《か》ぐがよい」

一同は、重成の首から発する香のにおいに、重成の人柄をしのんで褒《ほ》めたたえました。また、兜《かぶと》の忍びの緒（兜に付けたあごひも）の端は切られていました。これは、再び兜を脱ぐことはない、という決死の覚悟を示すものです。家康がそれを見て、

「討死を覚悟した心、天晴れの勇将かな」

と、称賛しました。その時一人が、

「これ程のたしなみに、月代《さかやき》が延びているのはどうしてだろう」

と、ささやいたのを、家康が聞いて、

「このように最期を磨いた木村が、月代《さかやき》が延びているのは、何か事情があるのであろう。大体月代の剃《そ》り立ては、兜をかぶった時の感じが悪いものだ。もしかするとそのようなことかも知れぬ。世にもまれな勇士の討死に、わずかのことを非難してはならぬ」

と、重成を弁護するように言いました。

重成は、この日戦死することを心に決め、入念な準備をして死に臨んだのです。〝死に花を咲かす〟と言う言葉そのままの死に方でした。そのことが家康を感動させました。家康は重成に、武士の最期を飾る理想の姿を見たのです。

〔付記〕

この章は「立派に死ぬ」を主題としましたが、ここで取り上げた以外に、本書の他の章にも、立派に死んだ例がありますので、付記しておきます。

2(1) 長篠城を救った鳥居強右衛門（本文26ページ）
5(6) 鳥取城将　吉川経家（本文73ページ）
5(7) 備中高松城将　清水宗治（本文77ページ）
10(1) 稲葉一鉄が命を助けた下人（本文127ページ）
14(2) 細川忠興の妻玉子（ガラシャ）（本文165ページ）
14(4) 木村重成の妻　夫への遺書（本文176ページ）

2 勇士と豪傑《ごうけつ》

(1) 鳥居強右衛門《すねえもん》—長篠城を救う

天正三（一五七五）年四月、甲斐（山梨県）の武田勝頼は、軍勢一万五千を率いて三河（愛知県）に進出し、徳川方の長篠城を取り囲みました。長篠城を守っていたのは、二十一歳の青年武将奥平貞昌《おくだいらさだまさ》でした。貞昌はわずか五百の兵をもって、城の守備に当たっていました。三十倍の敵を相手に、城兵はよく城を守りました。

けれども、五月十四日の夜、貞昌は城兵一同を大広間に集めて言いました。

「皆よく戦ってくれているが、食糧があと四日と持たぬ状況になった。このままでは、長く城を支えることは出来ない。誰か城を出て、このことを家康公・信長公に伝えてくれる者はいないか」

と。しかし、貞昌の問い掛けに対して、誰《だれ》も答える者はいませんでした。

そこで貞昌は、一族の奥平勝吉《かつよし》に向かって、

「そちは水練の達者であるが、この役を引き受けてくれぬか」

と、頼みました。勝吉は、

「某《それがし》がこの城を出た後で、もし落城ということになれば、末代までの恥辱になります」

　と言って断りました。自分一人が城から脱け出して助かる、というようなことになったら、武士として人に顔向け出来ないことになります。そうなることを心配し、恐れたのです。

　ほかの者も、このことについて、

「敵は二重三重に柵《さく》を巡らして城を囲んでおり、とても城を抜け出ることは難しいであろう」

「飢えて死ぬよりは、全員打って出て死のう」

　と言って、貞昌の申し出に応じようとする者はいませんでした。

　貞昌は、

「皆を討死《うちじに》させるくらいなら、降伏して某《それがし》一人が腹を切り、一同を助けたい」

　と言って、口を閉ざしました。

　しばらく沈黙が続きましたが、隅の方で声がして、鳥居強右衛門《すねえもん》という者が進み出て、

「使者の役目を引き受けよう」

　と申し出ました。強右衛門は足軽でしたが、この辺りの生まれで、土地の事情に詳しい男でした。

　貞昌は喜んで、強右衛門を呼び出し、

「それでは、その方に申し付けよう。是非とも今夜のうちに城を出て岡崎へ参り、次のように申せ。『城中に矢弾は不足していない。また、城郭が不完全というわけでもない。ただ、兵糧が今にも尽きようとしている。もしお出張《でば》りが延びるようなら、貞昌一人腹を切り、士卒の命に代わろうと存ずる』と。この旨をよくよく申せ」

と、言い含めました。さらに強右衛門へ、

「しっかりやって来てくれ。だが、万一ということもある。言い残すことがあれば聞いておこう」

そこで強右衛門は、

「拙者には、妻と一人の倅《せがれ》が居ります。この後もし殿に御運が開けましたなら、二人のことをよろしくお願い申します」

と、頼みました。そして城兵たちに、

「今夜、首尾よく城を抜け出ることが出来たら、雁峰山《がんぽうざん》で狼煙《のろし》を上げる。そして、家康公・信長公の御出馬の願いがかなったら、三日目にまた、この山で狼煙を三度上げる。またもし、救援が叶わぬ時は、二度上げることにする」

と、合図を決めました。


その夜遅く、強右衛門はひそかに、城の下水の流し口から城外に出ました。この場所は、対岸に居る武田勢から見える位置にあったのですが、汚水の流し口で、日ごろから城兵も立ち寄ることが無かったので、敵もあまり警戒していませんでした。ちょうど霧雨《きりさめ》が降っていて、それにも助けられ、城の西の岩石を伝わって下に降り、寒狭川《かんさ》（豊川）へ身を沈めました。五月十五日午前二時ごろのことです。

寒狭川には敵の柵《さく》が打ち込まれ、鳴子《なるこ》の網が張り巡らされていました。強右衛門は水泳の上手でしたから、柵を潜り抜け、脇差しで鳴子の網を切りながら、川を下って行きました。しばらく下ったところで、鳴子の網に当たって音がしたので、強右衛門は息をひそめました。

近くに居た番兵が怪しみましたが、別の番兵が、

「この時分は、大鱸《すずき》がよく網を切る。改めることもあるまい」

と言ったので、強右衛門は胸をなで下ろしました。

こうして強右衛門は、激流の中を鳴子の網と戦いながら四キロほど下り、茂みが川へ突き出ているところを見付けて岸へ上がりました。それから数時間かけて、雁峰山《がんぽうざん》の西側に登り着いたのは夜明け方でした。そこは長篠城から八キロほど離れた場所でしたが、雁峰山の狼煙《のろし》は、城兵にもはっきり見え、城内は歓喜の声に包まれました。

強右衛門は岡崎への道を急ぎました。岡崎へ着いたのは昼過ぎでした。岡崎城内には奥平貞昌の父貞能《さだよし》が居ました。強右衛門は貞能に会って、長篠城の窮状を話し、主君貞昌からの口上を伝えました。貞能の計らいで強右衛門は家康に会い、さらに、家康の計らいで信長に会いました。

信長は、家康からの再三にわたる出陣要請を受けて、三万の軍勢を率いて十四日に岡崎城に入っていたのです。信長は、強右衛門から長篠城の様子を聞き、城将貞昌の覚悟を聞いて、

「貞昌の命に代えてここまで参った志、忠義の至りである。救援に向かうは申すまでもないこと。その方も供を仕《つかまつ》れ」

と、強右衛門に言葉をかけました。

しかし、強右衛門は、
「主人が心もとなく思っていることと存じますので、すぐに城内に立ち帰り、安心致させたいと思います」
と言って、岡崎を出立《しゅったつ》しました。

十六日の早朝に引き返して来た強右衛門は、かねて長篠城で約束したように、雁峰山で狼煙を上げようと山を登りかけた時、ふと、雁峰山の頂上付近に人の気配を感じて足を止めました。前日の強右衛門が上げた狼煙を武田方にも見た者が居て、その詮索《せんさく》と警戒の者が来ていると推測されました。強右衛門はやむを得ず、狼煙を上げることをあきらめました。しかし、一時も早く城内へ朗報を届けたいと思う強右衛門には、より安全に行動できる深夜まで待つ心の余裕はありませんでした。

強右衛門は、竹束を抱えて運んでいる、敵の雑兵《ぞうひょう》の中にまぎれ込みました。すきを見て城へ入ろうと考えたのです。しかし武田軍の監視は厳しく、見張りの侍が怪しんで強右衛門に合言葉をかけましたが、答えが無いので縄を掛けて捕らえました。その時の武田軍の合言葉は「ほう」と問われたら、「しょうとう」と答えることになっていたということです。もちろん強右衛門が敵の合言葉を知るはずはありません。

強右衛門は捕らえられて、武田信綱の前へ引き出されました。信綱は敵将勝頼の叔父に当たります。強右衛門は信綱の調べに応じて、臆《おく》することなく、これまでのことをすべて有りのままに話しました。信綱はそれを聞いて勝頼に報告すると、勝頼は、

「その男神妙（殊勝）である。一命を助けて当家の家臣に加えよ」

と言ったので、強右衛門は縄を解かれました。

夜になって、信綱は再び強右衛門を呼び出して言うには、

「扶持《ふち》（侍の給料）を与えてやる代わりに、城中の者に、信長からの救援の望みは絶たれたから、早く城を明け渡して命を助けてもらうように叫べ」

ということでした。

強右衛門は聞いて、心の中で小躍りしました。命が助かるためではありません。城内の味方へ、自分が持ち帰った朗報を知らせる機会はもう無い、とあきらめていたのに、その機会を敵が作ってくれようとしている、と思ったからです。だが、表面では敵の依頼に応じるように、

「命をお助け下された上に、扶持《ふち》まで下されるとは、誠にかたじけない次第です。仰せの通りに致します。某《それがし》をはりつけ柱に縛り、お目付けの衆と共に、城の近くまでお連れ下さい」

と、しおらしく答えました。

やがて、寒狭川を隔てた長篠城の対岸に、はりつけ柱に架《か》けられた強右衛門の姿が、かがり火に映し出されました。強右衛門が大声で、

「鳥居強右衛門、ただ今帰り着いたり、信長公よりの御返事をお伝え申し上げる」

と叫ぶと、城中から二人の武士が出て来て向こう岸に立ちました。強右衛門は対岸の人影に向かって、さらに声を大にして、

「信長公は岡崎まで御出馬なされた。家康公と共に二、三日のうちに当地へお着きになるぞ。立派に城を守り給え。今生《こんじょう》の名残《なごり》もこれまでなり」

と、叫んだのです。最後の言葉が終わらぬうちに、側に居た数人の兵士の槍先に刺し貫かれて、強右衛門は息絶えました。目だけカッと大きく見開いた壮絶な最期でした。時に天正三（一五七五）年五月十六日の夜、鳥居強右衛門三十六歳でした。恐らく強右衛門の胸の内は、与えられた任務を立派に果たし終えた、という満足感に満ちていたに違いありません。

命に代えた強右衛門の報告に、城兵の士気は奮い立ちました。織田・徳川の連合軍三万八千は、十八日の正午過ぎに長篠城の西方四キロの地に到着しました。長篠城近くの設楽《しだら》ヶ原《はら》で行われた合戦は、織田・徳川連合軍の圧勝に終わりました。

戦後、強右衛門の遺子信商《のぶあき》は、八歳で家督を継ぐことを許されました。侍が死ぬと扶持《ふち》（給料）は無くなり、家族は生活に困ることになります。そこで、強右衛門の功績を考え、まだ幼年であった信商に、家督を継がせて扶持を与えることにしたのです。

信商《のぶあき》は成長の後、奥平貞昌の四男松平忠明《ただあき》に、士分《しぶん》として取り立てられて、千二百石の大身に出世したということです。

(2) 大久保兄弟―長篠で奮戦

徳川家康の家臣に、大久保忠世《ただよ》・忠佐《ただすけ》という兄弟の侍がいました。長篠の戦いを前にして、弟忠佐が兄忠世に向かって言うには、

「今日の戦いの相手武田勝頼は、本来我ら徳川の敵と存じます。それを織田の加勢に先に駆けさせるは無念の次第です。私が真っ先駆けて戦いたいと思います」

この言葉には、主君家康の面目を立てるには徳川勢が先駆けして戦わなければならない、という家臣としての心構えがあったのです。聞いて忠世は、

「よくも申したものだ」

と言って、二人で家康の前に出て、そのことを話しました。家康は喜んで、足軽の中から鉄砲の上手な者三百を選んで、兄弟に付けてくれました。

馬に乗っていては戦さの駆け引きが自由にならないであろう、と、兄弟も手勢も馬から下り立って、先陣を進みました。

兄弟はまず足軽を出して鉄砲を撃たせ、敵の様子を見ました。戦う相手は武田方の山形昌景《やまがたまさかげ》千五百人。これも同じように馬から下り立ち、鉄砲弾《だま》を避ける前かがみの姿勢になって、エイヤ声を挙げ、まっしぐらに進んで来ます。兄弟の兵は、さっと引いて鉄砲を撃ち散らし、敵が引けば叫び進んで斬って掛かります。

武田方に小菅《こすげ》・三科《みつしな》・広瀬という、一人当千《いちにんとうせん》と言われる侍がいました。大久保忠世・忠佐兄弟と互いに名乗り合って、追い掛け、引き返し、九度まで戦いました。小菅・三科はついに傷を負って退きました。敵将山形昌景は鉄砲に当たり、馬から落ちました。織田方でも、佐久間信盛《のぶもり》六千人、滝川一益《かずます》三千人が、柵《さく》から外に斬って出ましたが、武田の騎馬勢に駆け立てられて退きました。

織田信長は、遥《はる》かに大久保兄弟が戦さをする様子を見て、

「徳川勢の戦い方、敵味方どちらも隙《すき》がない。その中に、金の蝶《ちょう》の羽を描いた旗を差した者と、

浅黄の黒餅《こくもち》（中が浅黄色の黒丸）の旗の二人が、敵かと見れば味方になり、敵味方の境が分からぬ。誰か見て参れ」

すぐに近習の者が家康の陣に駆け入って、そのことを言うと、家康は、

「あの二人は当家の侍で、蝶の羽は大久保忠世、黒餅はその弟の忠佐ぞ」

信長はこれを聞いて、

「何とあれは味方か、天晴れ大剛《だいごう》の兵かな。彼ら兄弟に似た者は信長の部下にはまだ居らぬ。さても家康はよき侍を持たれたり」

と、言いました。

戦さが終わって後、信長は大久保兄弟を召し出し、

「この度の戦さで利を得たこと、ひとえにその方ら兄弟の抜群の働きによるものである」

と、感慨を込めて褒めたたえました。

ちなみに、この忠世・忠佐兄弟は、大久保彦左衛門の兄に当たります。

(3) 花房助兵衛《すけのひょうえ》―勇士の心意気

豊臣秀吉が大軍を率いて小田原城を包囲した時のことです。小田原城の守りは堅く、なかなか落ちそうにありません。そこで秀吉は、長期戦の構えを取ることに決め、小田原城中の兵糧の減少と、戦意の衰えを待つことにしました。

自分も諸将にも半永久的な宿舎を建築させ、国元から妻妾《さいしょう》を呼び寄せることを許し、商人に商店街を開かせ、毎日のように茶の湯・能楽などを行わせて、長陣に飽きないような仕掛けを

しました。

ある時、秀吉は本陣で能を催していました。軍勢が秀吉の本陣の前を通る時は、みな下馬して兜《かぶと》を脱ぎ、頭を下げて通って行きます。

ところが、宇喜多秀家の家臣で、侍大将の花房助兵衛《すけのひょうえ》は、下馬もせず兜も脱がず、そのまま通り過ぎようとしました。

番兵があわてて、

「御本営の前でござるぞ、下馬さっしゃい」

と、とがめ立てると、花房は大声で、

「戦場で能をして遊ぶような、たわけた大将に下馬が出来るか！」

と言って、馬上のまま通りながら、本営に向かってつばを吐き掛けたのです。

花房が言った「たわけた大将」とは誰のことか、それは関白豊臣秀吉のことです。花房は秀吉をたわけた大将とののしったのです。

秀吉はこの報告を受けてカンカンに怒りました。そして宇喜多秀家を呼んでことの次第を話し、助兵衛を縛り首にせよ、と命じました。

秀家は、惜しい家来と思いながらも、秀吉の激しい怒りに会って恐縮し、その座を立って百メートルほど行った時、秀吉は考え直して秀家を呼び返して言いました。

「一時の怒りで縛り首と言ったが、剛直な武士をそうも出来まい。切腹を申し付けよ」

秀家はまた恐縮してその座を立ち、再び百メートル余りも行った時、秀吉は再度秀家を呼び返して言いました。

「天下広しと言えども、この秀吉に向かってあのような大言《たいげん》をする者は居るまい。天晴れ大剛《だいごう》の侍、殺すのは惜しい。命を助けて加増して使うがよい」

秀吉は、時間が経《た》つにつれて、激しい怒りが次第に治まり、冷静になるに従って助兵衛に対する考え方が変わって行きました。無礼な侍と思っていたのが、実は勇士であることに気付いたのです。戦場に出たら抜群の働きをする武士に見えて来たのです。秀吉への雑言は、勇士の心意気を示すものと理解できました。

(4) 本多平八郎―東国無双の勇者

豊臣秀吉と徳川家康・織田信雄《のぶかつ》の連合軍が、長久手《ながくて》（愛知県）で戦った時のことです。秀吉方の武将、森長可《ながよし》・池田恒興《つねおき》らが家康と戦って敗れ討死した、と聞いて、秀吉は大いに怒り、自ら向かって戦おうと考え、

「初めから要害を守っていた者以外は、一騎も残らず参陣せよ」

と、各々の陣へ触れ回しました。

秀吉はすぐに馬を引き立てさせ、兜を取って着ている間に、早貝《はやがい》を吹き鳴らさせたので、先陣は急いで打ち立ちました。秀吉もやがて楽田《がくでん》（愛知県）の陣営を立ち、長久手に向かいました。

家康方の武将本多平八郎忠勝は、小牧《こまき》（愛知県）の陣営に居ましたが、秀吉出陣と聞いて、

「今朝からの戦いに味方の勢は疲れているだろう。馳せ参じて先陣を駆けよう」

と考えて、手勢を二つに分け、半分は留まって小牧の陣を守り、後の半分五百を率いて長久手に向かいました。

秀吉の軍勢も長久手に向かって進んでいるので、途中で隣り合わせになりました。本多軍と秀吉軍の間は五百メートルほどもありません。平八郎は自分の軍勢に向かって、

「今ここで敵と一戦したら、一戦する間は秀吉もここに留まるであろう。その間にわが殿（家康）は陣形を整えて、秀吉軍と思いのままに戦うことが出来よう。忠臣の死すべき時はこの場に迫った。潔く一戦を遂げて屍《かばね》を戦場にさらし、名を千載《せんざい》の後に伝えよう」

そうして本多軍は、道々時々、秀吉軍へ向けて鉄砲を撃って、戦いを挑みました。しかし秀吉は軍を制して、鉄砲を撃たせませんでした。

途中にある竜泉寺《りゅうせんじ》（愛知県）の少し手前まで来た時、秀吉の大軍を目の前にして、平八郎は小川の川端へ馬を乗り寄せ、兜《かぶと》に付けた鹿の角の前立てを夕日に輝かせながら、泰然として乗馬に水を飲ませました。その大胆な振る舞いに、敵も味方も驚き感賞しました。

秀吉はこの有様を見て、

「あの鹿の角の兜を着たのは大将と見える。誰かあの侍を知った者は居らぬか」

と、問いました。稲葉貞通が答えて、

「以前、姉川の戦いの時、あの武士が出立《しゅったつ》するのを見知りました。本多平八郎忠勝……」

と、言い終わらぬうちに、秀吉は涙をハラハラと流し、

「五百に足らぬ士卒をもって、わが八万の軍勢に駆け合わそうとする。千死に一生も無いであろう。それなのにわが進軍を手間取らせ、おのが主君の軍勢に勝利させようとの志、勇と言い

忠と言い、誠に比類なき本多かな。秀吉、運が強ければ戦さに勝つであろう。あのような惜しい者を討ってはならぬ」

と、弓、鉄砲を止めて放たせませんでした。

こうして、平八郎が長久手に駆け付けると、徳川方の軍勢の姿は見えず、これはどうしたことかと言っていると、すでに小幡《おばた》まで引き揚げたということでした。家康は秀吉の大軍が到着する前に、小幡に兵を集結し、さらに小牧山城に戻ってしまったのです。

その後、両軍講和し、秀吉の妹朝日姫を家康の室として、浜松へ迎えることになりました。その喜びの使いとして本多平八郎が上京しました。秀吉は平八郎に会うと、

「その方は世に知られた武道に優れた侍である。武田信玄も、本多平八郎は家康に過ぎた侍、と申したと聞く。去年竜泉寺辺で、その方わずかばかりの人数で、わが数万の人数へ戦いを仕掛けて来たので、打ち殺そうかと思ったが、そのうちに家康と和解するよう取り計らい、さらに縁者ともなって内々《うちうち》の者のようにしようと考え、そのままにして置いた。ここでその方に金銀を沢山与えたなら、家康が心の中で『秀吉ははや我が家来を金銀で引き付けようとしている』と思われては、吉事もかえって凶事となるであろう。殊に平八郎は優れた武道評判の侍であるから、並みの物ではどうかと思うので……」

と言って、藤原定家《ていか》の色紙と、鎌倉時代の刀工粟田口《あわたぐち》の鍛えた脇差しを給わりました。そして秀吉は、

「色紙も天下の名物、脇差しも天下の名物、平八郎も天下の名物である」

と、贈り物にこと寄せて、平八郎を称賛しました。

天正十八（一五九〇）年二月、豊臣秀吉が小田原征伐に向かう前のことです。秀吉のもとに諸大名が伺候した時、秀吉が家康に、

「今度の上京に、本多平八郎を召し連れて来られたか」

と、問いました。家康は、

「ちょうどこれに居ります」

と言って、秀吉の前に呼び出しました。秀吉は、筑前（福岡県）立花《たちばな》城主の立花宗茂《むねしげ》を召し出して、宗茂に、

「彼こそ東国に隠れもない、本多平八郎という者である。宗茂は西国無双の評判があるので、今後二人は心を通わし、宗茂は西国を守護していよいよ忠を尽くし、平八郎は家康を助けて東国を守護せよ。東西において無双の勇者なので、わが前で対面を許す」

と言いました。前田利家・毛利輝元を始めとして、諸大名一同、天晴れの名誉かな、と感を深くしました。

北条氏直の家臣に、浜野三河《みかわ》という侍がいました。北条が滅んだ後、浜野は本多平八郎の家臣になりました。その浜野が、関ヶ原の戦いの時のことを、次のように語ったということです。

「本多中務《なかつかさ》（平八郎）の武勇は、今さら語るに適当な言葉もない。配下の諸隊へ指図されるに、『皆々某《それがし》の言うことに従うこと、そうすれば手に合わぬ敵は一人もいない。腰兵糧を使って体

に力を付けよ』
と言って、その後、敵との間合いが近くなると、とにかく眼光がすさまじく顔を合わせることが出来ない。何とも言いようのない気迫と圧力が全身にあふれ、その威厳は、後ろに鉄の盾を置いたようである。古主君北条氏直の下で戦ったのとは大違いで、一同に勇気がわき出る雰囲気になって、合戦がしやすかった」と。

(5) 可児才蔵《かにさいぞう》―関ヶ原の武勇

可児才蔵は、戦国時代を生き抜いた侍です。主君運が悪く、生涯に八人も主君を代えました。その多くは主君が途中で死んだためです。一人の主君のもとを去って、次の主君に仕えるまでには月日がかかります。そのため才蔵は、長い浪人生活を経験しました。

当時の武士は、自分を目立たせるために、鎧《よろい》の背に独自の小旗を立てるのが普通でした。才蔵はいつのころからか、笹竹の一種であるマダケを、背の高さぐらいに切って、旗の代わりに差すようになりました。マダケには小枝が沢山付いています。

才蔵は合戦のたびに敵の首を数多く取るので、首を腰に付けて走れません。そのため敵の首を取ると、背に負った笹竹の小枝を切り取って、討ち取った者の口へ深く差し込みます。それを目印として、その場へ置いたまま、また新しい敵を求めて行く、という調子でした。そして、戦さが終わった後、笹竹を目当てに、首を拾い集めるのです。それで才蔵はいつしか人々から、〝笹の才蔵〟と呼ばれるようになりました。

関ヶ原合戦の少し前のことです。当時才蔵は、福島正則の雇われ武士として徳川方の戦陣に居ました。雇われ武士というのは〝陣借り〟とも呼ばれ、その合戦の時だけ戦いに参加する、臨時雇いの武士です。才蔵はこの一戦に手柄を立て、正式に福島家の家臣になろうと考えていました。

徳川勢はすでに岐阜城を落とし、大垣城（岐阜県）を囲んで、小休止していました。その時です。敵陣から騎馬武者一騎、さっそうと現れたと思うと、福島勢の前、百メートルばかりの所まで来て、これ見よがしに悠々と馬の調教を始めました。才蔵が人に問うと、石田三成の家臣で湯原源五郎という、勇猛で知られた侍だ、ということです。

才蔵は、湯原の人も無げな振る舞いを見て、頭にカッと血が上りました。自分が嘲弄《ちょうろう》されている気がしたのです。抜け駆けは固く禁じられていますが、才蔵はじっとしてはおられません。鎧を着て馬に乗り、一散に湯原に近付きました。そして、

「無礼者！　勝手なまねをするな！」

と、わめきながら組み合い、相手の首を小脇《こわき》に挟んで締め上げ、そのまま自分の陣へ引きずり込んで組み敷き、首を取りました。

その後、湯原の馬にまたがり、石田の陣の前まで行き、堂々と輪形に乗り回して見せました。石田方ではそれを湯原と思い込んで、ドッと鬨《とき》の声を挙げました。才蔵はくるりと馬の向きを変えて、自分の陣へ戻ったので、今度は福島方で歓声が挙がりました。

この騒ぎを聞き付けて、福島正則が、

「下知《げち》を承らず、我がままの働きをした者は何者ぞ！」

と、大声で怒鳴りつけました。「しまった」と才蔵は、あわてて湯原の首を正則の前へ差し出し、平伏しました。けれども軍規違反の罪は許されず、謹慎を申し渡されました。

いよいよ関ヶ原合戦の当日です。東軍の最前列は、この日の先陣を承った福島隊です。才蔵はその先頭に、例の如く背に一本の笹竹を差して立ちました。と、その時、福島隊の右後方にいた井伊直政・松平忠吉《ただよし》が、福島隊を通り越そうとしました。

「待たれい！　本日の先陣はわが福島隊、何人《なんぴと》たりとも、わが陣の前へ出ることまかりならん！」

才蔵が槍を構え、大声で怒鳴り付けると、井伊直政が、

「物見でござる。初陣の松平忠吉君《ぎみ》（家康四男）に、後学のため先陣の戦いの激しさを見聞させるためでござる」

と言って、忠吉と共に、手勢数十騎を引き連れ東軍の最前線に出ると、いきなり西軍に向かって鉄砲を撃ち掛けました。これを見て福島正則が突撃を命じました。才蔵は、井伊直政に先を越された悔しさもあって、怒号と共に敵陣に突っ込みました。東軍の一番槍です。

激闘四時間、合戦はようやく終わり、家康は首実検を行いました。家康が直接実検するのは兜首《かぶとくび》です。兜を付けた敵将の首だけです。東軍の諸将は、家来の討ち取った兜首を運んで来ました。福島正則の番になって、正則は多くの首を実検に供した後、最後に湯原源五郎の首を置いて言いました。

「これは某《それがし》の陣の、可児才蔵と申す浪人が討ち取った、三成の家来湯原源五郎の首でござる。敵味方に聞こえた勇猛の湯原を討ち取ったのは天晴れの働きに似ているが、可児は軍規に背いて抜け駆け致し、しかも危険な一騎打ちにて湯原を仕留め、とかく功に走り、これ見よがしの振る舞いを致す者でござれば……」

正則は、湯原の首を見せつつ才蔵を非難しました。家康は聞いていて、ふと才蔵に興味を覚えました。呼び出させて会ってみると、千軍万馬の古強者《ふるつわもの》特有の、すご味と物寂しさを漂わせていますが、どことなく愛嬌《あいきょう》があります。

「この首以外に手柄は無いのか」

家康の問いに、

「いいえ」

と、才蔵は首を振りました。

「ほかにも有るか」

「ほかに兜首十七」

「ほう、十七？」

家康は、その数の多いのに思わず問い返しました。

「左様、十七ござる。が、稼ぎの邪魔ゆえ、置いて参りました」

「どこへ置いて来た？」

才蔵は指を折り、「あそこに二つ、ここに三つ」と言上しました。「ふむ」と家康は才蔵に細い目を向けて、

「何ぞ証拠が有るか」

一般に、討ち取った首は、見ていた人に証人になってもらうか、人目に付かぬ所に隠して置いて、戦さの後で持ち帰るか、それとも耳や鼻を削《そ》いで持っていて、後で首とあわせて差し出すか、です。

「口に笹の葉を詰めてござる。某《それがし》、耳や鼻を削《そ》ぎ取るは、死者に対して礼を失するものとして、好みませぬ故」

後で調べて見ると、才蔵が言った通りの首が出て来ました。家康は感じ入り、褒美として才蔵に兜を与えました。家康が才蔵に兜を与えたということは、才蔵が兜を着る権利、すなわち、将としての資格を持つことを証明したことになります。

関ヶ原合戦の数日後、才蔵は希望通り、めでたく福島家に仕官がかない、以後、福島正則の家臣として生涯を送ることになりました。

(6) 可児才蔵―長太刀の技で会釈《えしやく》

可児才蔵は若い時分、長太刀の技で名を知られていました。年老い力衰えて後は、腰に差すことを嫌い、外出の時は従者に持たせて歩いていました。福島正則の一族に、何某《なにがし》加兵衛という者がいました。ある日、物語の時、才蔵に向かって言いました。

「貴殿は若いときは格別だが、今は年老いられ、長太刀を帯びられることもならず、従者に持たせて歩かれる。お手並みを一目見たいものです」

才蔵は加兵衛の言葉に、年老いた自分への侮辱を感じました。

「仰せ誠に恥じ入ります。若い時にこの刀でよく試合を致しました。今もって昔にこだわり、出歩く時も身に添えて持たせております。但し、武芸に限っては、よそ目の批判は当たらぬものです。この刀お目に掛け、ご会釈申そう」

と言って、腰を押さえて立ち上がり、側に置いてあった刀を取り、

「長太刀の技これなり！」

と言ってサッと抜く。加兵衛は案に相違して立ち上がろうとする所を、才蔵は刀を払って、加兵衛の細首を打ち落としました。

加兵衛が「才蔵の手並み（腕前）を見たい」と希望したのに応じて、才蔵は、加兵衛自身の体に手並みの程を見せたのです。

(7)　母里太兵衛《もりたへえ》―名槍《めいそう》を飲み取る

母里太兵衛は、黒田官兵衛とその子長政に仕え、先手《さきて》の大将を勤めた豪傑です。大変な酒豪で、福島正則と酒の飲み比べをして勝ち、名槍日本号を正則から取り上げました。〃黒田節〃に、「これぞまことの黒田武士」とありますが、そのまことの黒田武士のモデルが母里太兵衛です。

日本号の槍の由来は、次のように伝えられています。

天正十三（一五八五）年、豊臣秀吉が関白に昇任した時、正親町《おおぎまち》天皇から一振りの剣を賜わりました。この剣は、平安時代の刀匠で、京都三条に住んでいた、三条宗近《むねちか》の鍛えた懐剣でし

た。

秀吉は、天皇のお腰に触れた物を、そのまま身に付けるのは恐れ多いと考え、剣の柄《つか》を取り除き、槍の柄《え》を取り付けて槍に直し、槍先の部分には錦《にしき》の袋をかぶせて、身近に置いていました。後に天皇はこの槍に三位《さんみ》の位を与え、日本号という銘を賜わりました。

天正十八年小田原合戦の時、福島正則が山中城（静岡県）を攻めていた時、正則の槍が折れました。豊臣秀吉がこれを見て、急いで本陣の後ろに立ててあった槍の中の一本を、家来に言い付けて正則に持たせました。その槍は日本号だったのですが、戦場では直ぐ使用できるように、袋をはずして立ててありました。この時秀吉は、その槍が日本号であることに気が付きませんでした。

小田原征伐が終わって、大坂に帰陣した後のこと、秀吉が家臣に、

「日本号の槍が見えぬが、どうしたのか」

と尋ねました。

「その槍は先ごろ小田原の陣の時、福島左衛門大夫《だゆう》にお遣わし遊ばされました」

家臣が答えると、秀吉は、

「ふーん、それはいかん。すぐ福島を呼べ」

福島正則はちょうど大坂の屋敷にいたので、さっそく大坂城の秀吉の前に出ました。

秀吉は、正則が槍を所持していることを確かめてから、

「あの槍は、わしが関白に昇進した時、天子より賜わった貴重な品である。わしは間違えてそちに遣わしたが、今さら取り返しもできぬ。粗末に致すでないぞ」

正則は、槍の由来を聞かされて大喜びし、それからは大切に床の間に飾り、来客があれば、その由来を語って自慢していました。

ある時、福島正則の屋敷へ、黒田の家臣母里太兵衛が、黒田家の使いとして、馬に乗ってやって来ました。

太兵衛は世に知られた豪傑ですから、二人はかねて顔見知りの仲です。太兵衛が訪ねた時は、正則がちょうど一杯飲み始めたところでした。二人とも大の酒好きです。正則が誘うと太兵衛も嫌とは言いません。ほろ酔い加減になったところで、正則が、

「どうだ太兵衛、そちも酒豪と聞いた。わしと飲み比べしてみんか、飲み勝ったら望みの品を遣《つか》わそう」

その時正則は、飲み勝つ自信がありました。しかし、太兵衛は元服する前、少年のころからの酒好きです。酒の鍛錬は太兵衛の方が上でした。大杯で飲み比べているうちに、正則は太兵衛の底無しの飲み方を見たのです。

「うーん、見事である。約束の褒美を望め」

と、ついに正則が音《ね》を上げました。太兵衛は、

「ただ一品、そこの床の間にある日本号の槍を頂きとうござる」

正則は驚きました。

「あっ、これはやれぬわい。ほかの物を望め」

「勝負の前に確か、勝てば望みの品を遣わす、と仰せられましたな」

「うん、それは確かにそう申した。しかしこれは特別だ。ほかの物なら望み次第」

「ほかの物なら要《い》りません」

「そう言うな、この槍だけは誰にもやるわけに参らんのだ」

「左様ですが、では頂かないで帰りましょう」

太兵衛は座を立ちかけて、正則を振り返り、

「その代わりご覚悟を願わしう存ずる。私、至って口の軽い方で、どこでどんなことを申すやも知れません。福島左衛門大夫という大名は、拙者との約束を反故《ほご》に致した。大名が二枚舌を使うとは、まことに見下げ果てた者でござる、と……」

大量の酒が入っているので、口の滑りは上々です。

「うーん、黙れ！」

「アハハハハ、私は至って口の軽い……」

「こらっ！　いい加減にせい。ほかの物を望め、何でもやる」

「ほかの物は頂きません。私、口の軽い男で……」

正則の負けです。世間に二枚舌の大名などと言い触らされてはたまりません。

「うーん、分かった。残念だが持って行け」

太兵衛は、こうして名槍日本号を手に入れ、馬上悠々と肩に担いで帰って行ったのです。

母里太兵衛については、次のような言い伝えがあります。

太兵衛は幼名を万助《まんすけ》と言い、十四歳の時、黒田官兵衛の小姓として奉公に上がりました。官

兵衛が万助の様子を観察すると、万助は途方もない乱暴者で、気の荒いこと一通りではありません。しかし、大竹を割ったような真っすぐな気性で、誠実な人柄です。まことに頼もしい者に見えました。

太兵衛は成人した後も、幼い時の性質を持ち続け、生涯乱暴で、思うままに行動しました。だれに向かっても言いたい放題のことを言い、したいままに振る舞いました。年をとってからも、一度言い出したことは絶対に曲げず、主君である黒田長政（官兵衛の子）さえ、手こずることがあったといいます。

福島正則から名槍日本号を飲み取ったことにも、太兵衛の性格がよく表われています。戦国の荒大名福島正則に対して一歩も引きませんでした。しかも、太兵衛の言い分は筋が通っていて、道理にかなっています。筋を言い通して曲げず、ついに福島正則を参らせました。母里太兵衛は、恐れることを知らぬ侍だったのです。

ついでに黒田節の歌詞を記しておきます。

〝酒は飲め飲め飲むならば　日《ひ》の本《もと》一のこの槍を　飲み取るほどに飲むならば　これぞまことの黒田武士〟

3 臆病者

戦国時代は多くの勇士を生みましたが、大勢の侍の中には臆病な者も居ました。

(1) 岩間大蔵《いわまおおくら》左衛門―戦場に出ず

武田信玄の家臣に岩間大蔵左衛門という者が居ました。生まれ付き大変な臆病者で、合戦になるといつも腹部の激痛を起こし（当時の言葉ではこれを〝癪《しゃく》が起きる〟といっていました）、その痛みで目を回し、ついに戦場に出ることはありませんでした。

信玄の家臣一同が、

「今は戦国の時で、一人でも武功の者を望む中に、あの大蔵左衛門は臆病の極み、禄を与えて抱え置くような者ではありません。早く暇《いとま》を給わりなされよ」

と申します。信玄が聞いて、

「やり様《よう》がある」

と言って、そのままにして置きました。

その「やり様」を試す時が来ました。戸石城《といし》（長野県）の戦いが始まった時です。信玄は家来に言い付けて、特に優れた馬を選んで大蔵左衛門を乗せ、馬の鞍《くら》に大蔵左衛門の足・腰をくくり付けさせました。手綱《たづな》は付けず、槍を持たせました。そして、血気の若者大勢で寄ってたかって馬の尻をたたき立て、敵陣目がけて追い込みました。

しかし、優れた馬は乗る人の心を知るものなので、その馬が大蔵左衛門の臆病心を感じ取って、敵陣まで行き着かず、途中から味方の陣へ引き返して来たのです。

このようにしても、大蔵左衛門の臆病は直らないので、信玄は考えた末、大蔵左衛門を隠れ目付けにすることにしました。隠れ目付けというのは、味方の中に悪い心懸けの者がいたら、その者のことを調べて信玄に報告する役です。信玄は大蔵左衛門に、

「すべての悪事を内偵したら遠慮なく報告せよ。もし隠して置いて分かったら死罪を申し付ける」

と命じました。

大蔵左衛門はもともと臆病者なので、死罪を申し付けられてはたまりません。何事も明白に聞き出して信玄に報告したので、信玄が今まで知らなかったことも分かり、大いに役立ったということです。

(2) 武田信玄—臆病者を使者にする

武田勝頼が織田信長・徳川家康の連合軍に攻め滅ぼされた後のことです。武田の家臣であった今井久兵衛《きゅうべえ》は徳川家康の家来になりました。その後、家康が小田原の北条と戦った時、武田から徳川へ移った侍の中で、七人の者が敵と戦うことを避けました。家康は怒って、

「臆病者だ！　禄を召し上げる」

と言いました」

今井久兵衛がこれを聞いて、

「臆病することもっともです。信玄の時、あの者どもは一度も敵と戦ったことがありません」

家康が聞いて、

「それほどの者なら、なおさら役に立たぬであろう」

と言うと、久兵衛は、

「けれども信玄は、殊の外その者たちの面倒を見ました。その事情は、臆病な者は方々への使いに行かせました。

良い侍は、使いに行かされた後で合戦があると、使いに行ったために合戦に出られなかった、と不満に思います。臆病な侍は、合戦を逃れたことを喜びます。

次に、行く先々の関所あるいは舟渡しなどで、もめ事などがあると、例え頭を打たれる程の仕打ちを受けても堪忍し、使いの役目を一段と首尾よく致しますので、それを考えてよく世話をしておりました」

信玄は、臆病な侍は人に恥をかかされても、その仕打ちによく堪えて、その場を切り抜けるという長所を持っている、と考えていた、というのです。

家康は聞いて、手を打って合点し、以後この侍たちをそのような役に使ったということです。

4 武将の子供のころ

(1) 加藤清正―機転が利く

加藤清正が七、八歳のころの話と伝えられています。清正は同じ年ごろの子供より体も大きく、勝ち気な性格でしたので、いつもガキ大将として、年上の子供たちをも指図して遊んでいました。

ある時、清正が子供たちを集めて遊んでいると、そのうちの一人が、誤って空《から》井戸の中へ落ちてしまいました。遊び仲間の中には十歳を超える子もいましたが、みんな大声を上げて、うろたえ騒ぐばかりでした。

当時の子供たちの着物は、幼年の時は〝付けひも〟と言って、着物に縫い付けたひもで結んでいましたが、少年になると帯で結ぶようになっていました。

清正はとっさに、帯を締めている数人にその帯を解かせ、それを結び合わせて一本のひもにして、井戸の中へ垂らしました。そして空井戸の中に居る子に向かって、体に結び付けるように言いました。こうしてその子の親が聞いて駆け付ける前に、無事に引っ張り上げていたのです。

清正は機転の利く子供でしたが、その頭の働きは、成人し武将となってから後も発揮され、危急の場に臨んで（本文⑰(6)加藤清正―危急の場の武略220ページ）、命を落とすことなく切り抜けることが出来たのです。

(2) 豊臣秀吉―腕白盛り

豊臣秀吉は尾張中村（名古屋市）に生まれ、幼名を日吉《ひよし》と言いました。父に早く死に別れ母が再婚したので、継父《けいふ》と共に暮らしていました。才気があって、人に束縛されることを嫌う性格だったので、継父の意に逆らうことが多く、母が心配して度々意見をしました。しかし、少しも言うことを聞かず、わがままを通そうとします。それで日吉八歳の時、母は日吉を光明寺《こうみょうじ》へ連れて行き、「何とぞ、手習い学問などを学ばせ、行く行くは出家させたい」と頼みました。

光明寺へ預けられた日吉は、母の希望に反して、なかなか手習い学問などはせず、朝夕竹や木で槍・剣術のまねをして遊んでいました。人が武芸や戦さの話をすると、耳を傾けて聴《き》きました。いつも、

「坊主は皆乞食《こじき》だ、俺は乞食にはならん」

と、言い放題を言い、思うままに遊んでいました。ともすれば人と争い、相手を殴りました。後には光明寺の僧も扱いかね、父のもとに返すように言うと、日吉は継父に怒られることを恐れ、大言壮語して、

「おれを追い出したら、寺に火を付け焼き払い、坊主どもを切り殺すぞ」

と言って怒ります。

寺の僧もいよいよ恐れ、ほかのことにかこ付けて断り、扇子・かたびら（夏の着物）などを与え、慰め諭《さと》してようよう寺を出し、親元へ返しました。

日吉は家に帰り、田を耕し、雑草を取り、また、川でどじょうを取るなどして、暮らしの足しにしていました。けれども、もともと家が貧しいので、父がよその家の下男《げなん》に出しました。しかし、どこへ行っても数か月で戻り、春秋を一か所で暮らすことはありませんでした。家に帰ると継父に逆らう。母もほとんどあきれ果て、日吉の悪いところを言い聞かせ、涙を流して意見しました。日吉はつくづく聞いていましたが、やがて、

「わしは東国へ行って生活費を稼ぐつもりだ。近いうちに家を出ようと思う」

と、言いました。母も、日吉が継父と仲が悪いので、とても同居することは出来ないと考え、銭一貫文《かんもん》（一千文）を与えて、家を出しました。日吉十四歳のころのことです。

(3)　太田道灌《どうかん》―父の教訓を批判

太田道灌は幼名を鶴千代と言いました。幼少のころから人に優れた体格をしていました。九歳から学問を習い、十一歳でよく文章を書きました。十五歳の時、鶴千代の言動があまりに人並み外れているのを心配した父が、鶴千代を呼んで言うには、

「昔から、知恵のある者には偽りを言う者が多い。偽りを言う者で、災いに会わぬものはほとんどいない。故に人生は正直でなければならぬ。例えば障子のようなものである。真っ直ぐであれば立ち、曲がったら立たない」

鶴千代は、父の話をじっと聞いていましたが、やがて座を立ち、屏風《びょうぶ》を持って来て、

「これは直ぐければ立たず、曲がれば立ちます。これはどういうことでしょうか」

父は答えに困って、黙って奥へ入りました。


父は後にまた、〝驕者不久〟（驕《おご》ル者ハ久シカラズ）の四字を書いて、床に掛けて置き、鶴千代を呼んで、

「この四字の意味が分かるか」

と尋ねました。鶴千代は、

「確かによく分かります。お許しいただけるならば、四字の側に五文字を書きたいと思いますが……」

と言います。父が鶴千代の望みに任すと、鶴千代は筆を執り、四字の側に、〝不驕又不久〟（驕ラザルモマタ久シカラズ）と、五字を大書しました。

父は大いに怒り、扇子をもって鶴千代を打ちました。鶴千代は走って逃げました。


父の書いた四字は、「思い上がった振る舞いをする者は、長くその身を保つことが出来ない」という、戒めのことわざです。

それに対して鶴千代の五字は、「思い上がった振る舞いをしなくても、長くその身を保つことが出来ない者が、世の中には居る」と言っているのです。

どちらも、一面の真理を述べている、と見ることが出来ます。

5　武将の戦略

(1)　毛利元就—厳島《いつくしま》の戦い

毛利元就が陶晴賢《すえはるかた》との対決に踏み切ったのは、天文《てんぶん》二十三（一五五四）年五月でした。これより前、陶晴賢は、主君である山口の大内義隆を殺し、大内の後継者として、九州の大名大友宗麟《そうりん》の弟晴英《はるひで》を迎え、大内義長《よしなが》と名乗らせました。

大友宗麟・晴英兄弟の父を大友義鑑《よしあき》と言いました。義鑑の最初の妻に生まれた子が宗麟で、その妻は早く死亡しました。義鑑は二度目の妻を迎えましたが、その女性は大内義隆の姉でした。二度目の妻の子が晴英です。ですから、晴英は大内義隆の甥《おい》に当たるわけです。そのような関係で、大友晴英は大内の後継者として迎えられ、大内義長となったのです。義長は大内の当主となりましたが、実権は陶晴賢が握っていました。毛利元就は、表面上は晴賢と友好関係を保ちながら、しばらく時機を待っていたのです。

元就の本拠地は、安芸の国（広島県）中部の山地にある郡山城《こおりやま》でした。元就は晴賢との対決を決意すると、直ちにわが子隆元《たかもと》・吉川元春《きっかわもとはる》・小早川隆景の三人と、その兵合わせて三千を率いて、瀬戸内海にある厳島《いつくしま》を目指して、一気に進軍しました。途中にある陶方の城を次々に攻め落とし、元就は攻め落とした南方の桜尾城《さくらお》に入り、やがて厳島《いつくしま》をも占領しました。

陶晴賢はそれまで毛利を味方と思っていたので、この知らせを受けて大いに驚き、怒り、宮川房長に兵七千を預けて、桜尾城を取り返そうとしました。房長は、桜尾城の西四キロにある折敷畑山《おしきばたやま》に陣を敷いて、気勢を上げました。元就は三千の兵を四つに分け、四方から折敷畑山に攻め懸かりました。元就の作戦は成功して、敵将宮川房長を討ち取り、大勝しました。そこで、元就は一たん郡山城へ引き揚げました。

大軍を率いる陶晴賢に勝つための方法として、元就が最初に考えたことは、陶方の有力武将江良房栄《えらふさひで》を晴賢から引き離す、ということでした。房栄は陶の重臣で、以前元就が陶に味方していた時、戦場で共に戦い、その優れた戦い振りを元就はよく知っていたのです。

間もなく元就の耳に聞こえて来たことは、房栄が毛利攻めの先陣を勧める、ということ。また、房栄は晴賢に毛利と和睦するように勧めている、ということでした。晴賢という男は人の忠告を嫌う性格です。そこで元就は、一つの策を考えました。元就は間者（スパイ）を、陶の本拠山口へ送り込んで、

「江良房栄は毛利に内通している」

といううわさを流させました。そうして右筆《ゆうひつ》に命じて房栄の筆跡をまねさせ、見分けが付かぬほど上達したところで、房栄から元就に当てた起請文《きしようもん》（誓いの文書）を偽作させ、間者に持たせて山口の城下へ落とさせました。

晴賢は、房栄のうわさを聞いた時は、これは元就の謀略であろう、と思いましたが、起請文が晴賢のもとに届けられ、その筆跡が房栄のものと認められ、自分に毛利との和睦を勧める房

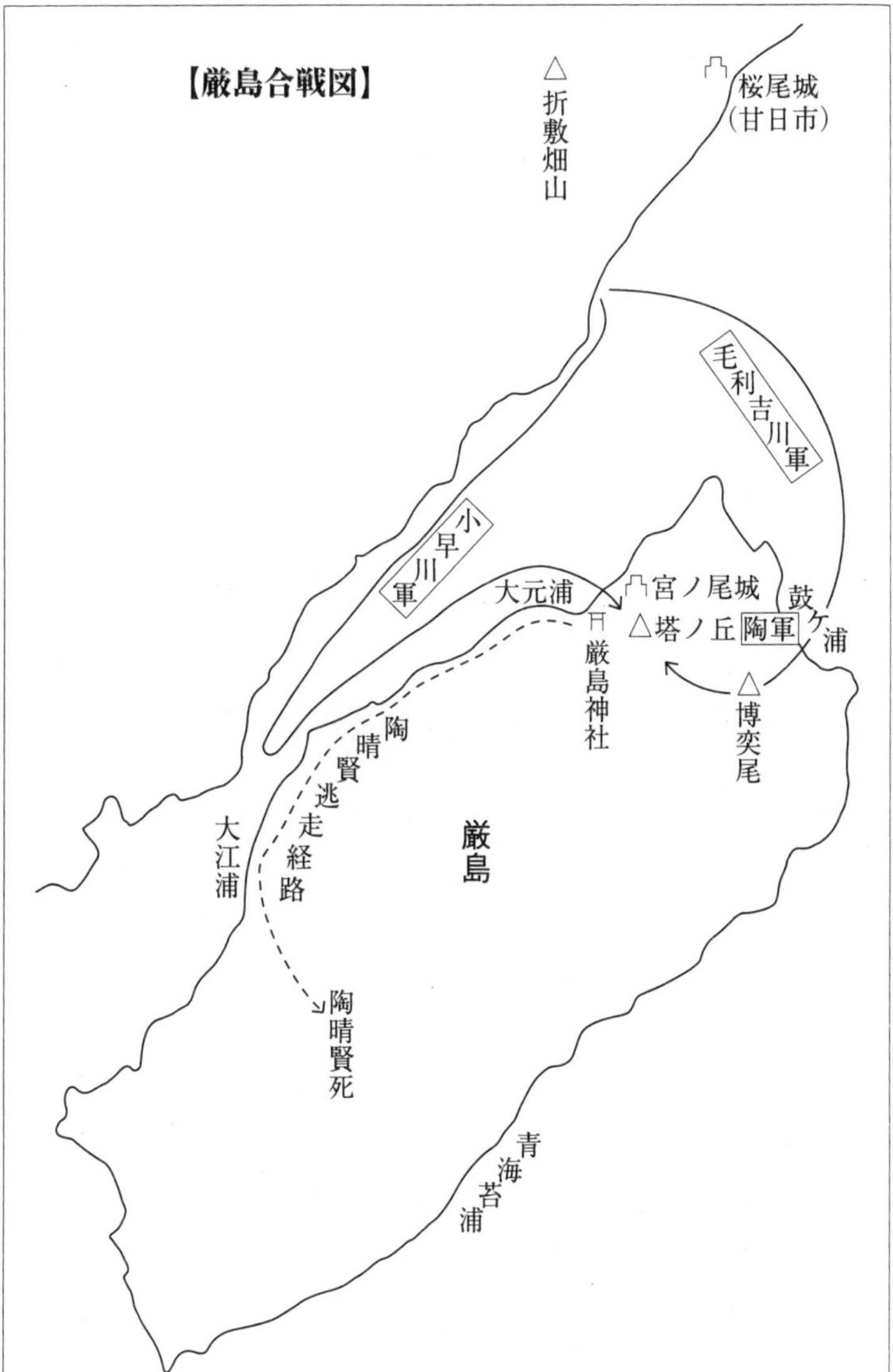
【厳島合戦図】
折敷畑山
桜尾城
(甘日市)
毛利吉川軍
小早川軍
大元浦
宮ノ尾城
塔ノ丘
陶軍
鼓ケ浦
厳島神社
博奕尾
陶晴賢逃走経路
大江浦
厳島
陶晴賢死
青海苔浦

栄の言動、などと考え合わせて、ついに晴賢は房栄謀反《むほん》を信じ込みました。そして、重臣である弘中隆兼《たかかね》を招いて、房栄を殺すことを命じました。隆兼は、これは毛利の謀略に違いない、と説きましたが、晴賢は聞き入れません。隆兼は止むなく、房栄の居城岩国（山口県）へ行き、房栄に腹を切らせました。元就の考えた最初の策は成功したのです。

次に元就が考えたことは、陶軍との決戦をどこで行うかということでした。元就は熟慮の末、その地を厳島と決めました。

厳島は、本土から約四キロ離れた、瀬戸内海に浮かぶ小島で、平清盛の信仰厚かった厳島神社の在る所です。厳島はまた瀬戸内海の要地で、山口の大内氏が安芸（広島県）へ遠征する時は、この地に本陣を置きました。以前、陶晴賢自身も、毛利の援軍に来た時は厳島に陣を敷いていました。また晴賢が大内義隆に反逆する直前にも真っ先に厳島を奪った、という実績があります。晴賢は厳島に強い執着心を持っていたのです。

元就は厳島を占領した後、約半年をかけて厳島へ城を築きました。厳島神社のすぐ東北隣、宮ノ尾という所に築城したのです。この城は、晴賢を誘い寄せるためのおとりの城です。城将には、陶方から寝返った己斐《こい》豊後守と新里宮内少輔《にいざとくないのしょう》の二人を当て、強兵五百を付けて守らせました。陶方から寝返った者を城将にしたことも、晴賢に厳島へ目を向けさせるための、元就の策略でした。

そうしておいて、元就は言いました。

「わしが重臣たちの忠告を聞かずに、厳島に城を築いたことは、一代の過《あやま》ちであった。今さら城を破壊するのも、自分の過ちを広く世間に知らせることになり、敵味方の者がどう思うかと、実に恥ずかしい。その間一里（四キロ）ばかりの海上とは言え、敵船は五、六百艘《そう》、味方は百艘ばかりしかない。どうして助けることが出来ようか。さてどうしたものか」

と。この元就の言葉を聞いて、家中一同が言いました。

「厳島に城を築かれたことは殿の一代の失策。晴賢が大軍をもって攻めれば、何日も持ちこたえられないであろう。したがって他の諸城も順次落ちるであろう。殿がいかに名将であろうとも、これでは成功するはずがない。郡山城へ引き退くよりほかはありますまい」

と。これは実は、元就が家中の者たちに、そう言わせるように仕向けていたのでした。

陶の間者がこれを聞いて、毎日のように晴賢に報告したので、晴賢も次第にそれを誠と思うようになりました。

元就の家臣に桂元澄《かつらもとずみ》という者がいました。以前、元就が毛利家を相続しようとした時、元就の弟元綱は、自分が毛利家を相続しようと、元就に対して陰謀を企てたことがあります。その時、桂元澄の父広澄は元綱に加担し、敗れて自殺しました。

元就はこの事実を利用して、敵を欺《あざむ》く謀《はかりごと》を考え、元澄に晴賢への偽の手紙を書かせました。その内容は、

「我らの父広澄は、元就によって自殺させられた。それ以来、元就に対して、内心遺恨を持ち続けて来た。今こそその無念を晴らす好機である。晴賢が厳島を攻めれば、元就は必ず宮ノ尾城の救援に向かうであろう。その時我らは、毛利の本拠郡山城を陥落させよう」

という意味のものでした。この手紙も、暗に陶軍を厳島へ向かわせようと勧誘する内容です。

陶方では、このような毛利方の一連の動きを、毛利の謀略ではないか、と、警戒する者もありましたが、晴賢の決断で、厳島攻略が行われることになりました。

陶晴賢の率いる二万の軍勢は、五百艘の船に分乗して、厳島に上陸しました。厳島に上陸した陶軍は、毛利方の宮ノ尾城の南方約一・五キロにある、塔ノ丘付近に陣を布き、宮ノ尾城の攻撃を開始しました。

郡山城に居て、陶軍が厳島へ渡ったことを知った元就は、自分の考えた通りにことは運んでいて、今まさに決戦の時を迎えようとしていることを思いました。

長男隆元を先陣に郡山を出発し、厳島の対岸に近い地に軍勢を集結させました。一方、舟の調達をかねてから小早川隆景に命じてありました。隆景は、家臣であり小早川水軍の頭領である乃美宗勝《のみむねかつ》を通じて、伊予（愛媛県）の村上水軍に協力を頼みました。村上水軍と呼ばれる能島《のしま》の村上武吉《たけよし》と来島《くるしま》の来島道康《みちやす》は、乃美宗勝に好意的でありました。

村上水軍が毛利に好意的であった理由は、一つには縁故関係があったことによります。村上武吉という当時二十三歳の若者は、乃美宗勝の姉の孫でした。また、武吉は来島道康の娘婿《むこ》でもありました。

さらに、村上水軍には、陶晴賢に恨みを抱く出来ごとがありました。

当時、瀬戸内の水軍は、航路の要所に船を置いて、往来する商船から通行料を取って、生活の資としていました。通行料を取る口実は、商船の案内役をすることと、海賊の攻撃から商船を守ること、の二つでした。村上水軍は以前から、厳島付近で通行料を取る権利を持っていました。ところが、陶晴賢は村上水軍の権利を取り上げ、その権利を自分の利益のために利用したのです。そのような事情で村上水軍は、陶方からも船借用の依頼があったのを断り、毛利方に協力することになったのです。

村上水軍は、伊予の武将河野通直《こうのみちなお》の指揮下にありましたが、通直に毛利援助の決断をさせたのは、小早川隆景の言葉、

「負けたとなれば、二度と島を出ることは無い。船を借りるのは厳島へ渡る時だけでよい」

という、決死の覚悟であったと言います。隆景の決死の覚悟は、毛利全軍の覚悟でもありました。

こうして、元就が陶晴賢と対決することを決意した年の翌年、九月二十八日、村上水軍は厳島の北方廿日市《はつかいち》の沖に、三百艘の船団で姿を現しました。毛利方の意気は揚がりました。元就は、三十日の夜渡海することに決め、全軍に軍令を出しました。

軍令の内容は、合印《あいじるし》として手ぬぐいで鉢巻きをする、たすきを二重に巻く、合言葉は〝勝つ〟と声をかけられたら、〝勝つ勝つ〟と答える。兵糧は三日分とし、餅《もち》一袋・焼き飯一袋・米一袋を腰に付ける。船のかがり火はたかず、先頭を進む元就の本船の一灯を目指して進むこと、掛け声・櫓《ろ》拍子は一切禁止する。というものでした。これを全軍に周知徹底させました。

三十日の日暮れになって、いよいよ出船しようとすると、にわかに暴風雨が襲って来ました。重臣や水軍の将から、渡航を延期するよう進言がありましたが、元就は、

「敵に気づかれずに渡る好機である」

と言って、全軍の士気を鼓舞し、渡航を強行しました。毛利元就・同隆元・吉川元春の軍勢二千は、午後十時ごろ、厳島の北東岸、鼓《つづみ》ヶ浦《うら》に上陸しました。上陸が終わると、兵船はすべて帰しました。全員逃げ場の無い背水の陣です。軍勢は吉川元春を先陣として、陶軍本陣の背後に当たる、博奕尾《ばくちお》の丘の上に陣を敷きました。陶の軍勢で、毛利の布陣に気付いた者はいませんでした。

一方、小早川隆景の率いる千五百の一隊は、小早川水軍に村上水軍も加わり、陶軍に気付かれないようにするため、本土に沿って一度南へ航行し、そこから再び北上して、厳島神社大鳥居の方へ向かいました。ところが、この辺りには陶の軍船が密集していました。小早川軍の先頭を進んでいた乃美宗勝は、大声で、

「我らは筑前の兵船である。陶晴賢殿の加勢にまかり越した。ここを開けられよ」

と言って、陶の軍船を寄せさせて上陸しました。筑前（福岡県）は、陶晴賢が大内の後継ぎとして招いた大内義長の実家、大友氏の領地です。乃美宗勝は小早川軍を、筑前から馳せ参じた陶の援軍と偽って、この場を切り抜けたのです。小早川軍は上陸すると、陶軍本陣のある、塔ノ丘の坂下に陣を敷きました。

明けて十月一日午前四時ごろ、夜が白み始めると同時に、毛利・吉川の本陣、博奕尾《ばくちお》の軍勢二千が、鬨《とき》の声と共に駆け下りて、背後（南）から陶軍二万の駐屯する、塔ノ丘目がけて攻め込みました。それに合わせて小早川勢千五百と、宮ノ尾城の兵五百、合わせて二千の軍勢が、正面（北）から陶軍に攻め掛かりました。

不意を突かれた上、前後から挟み打ちにされた陶二万の大軍は、大軍のため動きが取れず、なすすべもなく大混乱に陥りました。陶方の武将も防戦につとめたのですが、やがて総崩れとなって、西方の海岸大元浦《おおもとうら》へ向けて敗走しました。しかし、彼らが期待した船団は、ほとんど毛利方の水軍にいかり綱を切り放され、撃破されていました。わずかに残った船に大勢で取り付き、逃げ出した者も、ほとんど途中で撃ち沈められました。

敵の大将陶晴賢は、家臣三浦房清《ふさきよ》に助けられ、近習数人と共に、大元浦まで逃れましたが、船はありません。晴賢らは、さらに六キロほど南の大江浦《おおえのうら》まで逃れましたが、ここにも船はありませんでした。晴賢は肥満体で、ふだんは騎馬で行動したのですが、ここには馬はいません。近習に助けてられて、やっとの歩行でした。

三浦房清は、なお山越えで、厳島東岸の青海苔浦《あおのりうら》まで行って船を探しましたが、見付からず、そこで毛利の軍兵に討たれました。房清の死を知った晴賢は、万策尽きたことを悟って、自刃して果てました。その場所は、大江浦から青海苔浦へ行く途中の山中で、晴賢時に三十五歳でした。

戦いが終わって元就は、汚《けが》した厳島神社の神域を元に戻すための作業に取り掛かりました。敵・味方の死者は小早川隆景の船で海へ流し、負傷者は海を渡って本土へ運びました。血の流れた土は削って海へ捨てました。神社の建物は海水で洗い清めて、その後勝利を得た神の御加護に謝し、御礼の心を込めて参拝しました。また、敵味方の死者を供養するため、僧を招いて読経《どきょう》させました。それらの作業と行事を終えて、元就はようやく郡山城へ凱旋《がいせん》したのです。

毛利元就が陶晴賢を討った厳島の戦いは、織田信長が今川義元を討った桶狭間の戦いと並んで、戦国時代の二大奇襲作戦と呼ばれています。

戦国時代の戦いには、他人を欺《あざむ》き陥れるはかりごとが多く用いられました。謀略とか権謀術数と言われるものです。戦国時代の武将の中でも毛利元就は、特に謀略や権謀術数を多く用いた武将の一人です。元就はそれによって小豪族から大大名にのし上がったのです。

(2) 柴田勝家─瓶《かめ》割り柴田

織田信長が岐阜に本拠を置いていたころ、柴田勝家は近江《おうみ》(滋賀県)の長光寺《ちょうこうじ》城を預かっていました。元亀元(一五七〇)年、信長は徳川家康と共に、浅井・朝倉軍と、近江の姉川で戦いました。その時、近江の佐々木義賢《よしかた》(六角承禎《じょうてい》)は浅井・朝倉軍に味方して、勝家の守る長光寺城を攻め、城の周りの総構えを打ち破りました。勝家は本丸に在って、必死に防戦していました。その時、村人が義賢の陣へ、

「この城は水の取り入れ口が遠く、はるかな所から水を運んでいます。それをふさげば、城は持ちこたえることが出来ません」

と、知らせました。

義賢は喜んで、水の取り入れ口をふさぎました。城中では苦しみましたが、弱った気色は見せません。義賢は、城中の様子を知りたいと思い、和平の使いと言って、平井甚助《じんすけ》を城中へ送り込みました。

平井は勝家に対面して、いろいろ世間話をした後、手洗いの水が欲しいと望みました。すると小姓がすぐに、大きな器にいっぱい水を入れて二人で運んで来ました。平井に十分手洗いをさせ、残った水は庭へ捨てました。平井は帰ってこのことを話すと、あまりに予想と違うので、一同不思議に思いました。言うまでもなく、柴田方が、水に不自由していることを敵に気付かれないように、と考えて取った行動でした。

城中ではすでに水が残り少なになったので、勝家は、明日は城から打って出て斬り死にしようと、諸士を集め酒宴をしました。残っている水を問うと、大きな水瓶《みずがめ》に三つしかない、ということでした。勝家はこれを担ぎ出させ、

「この間中ののどの渇きを止めよ」

と言って、人々に十分に飲ませ、残った水の入った瓶を、薙刀《なぎなた》の石突き（柄の端の金属部分）で突き割り、水を全部流しました。決死の覚悟を示したのです。そして明くる日の早朝、門を開いて打って出ました。

敵は思いがけないことなので、散々に敗れました。勝家は敵を追撃し、首八百余を取って信長のもとへ送りました。信長は戦いの様子を聞いて、感状を送って勝家を賞しました。勝家軍は決死の戦いで勝利を得たのです。

これ以後、世間では勝家のことを、〝瓶割りの柴田〟と呼ぶようになりました。

(3)　竹中半兵衛―稲葉山《いなばやま》城乗っ取り

竹中半兵衛重治《しげはる》は、稲葉山（岐阜市）城主斎藤竜興《たつおき》に仕えていました。若い竜興は、半兵衛

を愚か者と見て侮《あなど》り、無礼に扱うことが多かったのです。それは、半兵衛がひ弱い体質で、顔立ちが優しく色白で、一見女性のようであったからです。この時代は殺伐の気風に満ちていて、男は見た目にも強剛激烈で、激しい気概を持つことを良しと考えていた時代です。それに半兵衛は日夜家にこもり、軍書を読むのを常としていました。その上、半兵衛は性格も大様《おおよう》で、大抵のことには無感動で、悠然としていました。——優男《やさおとこ》が読書にふけり悠然としている——。他の武士の目には、それは男にあるまじき柔弱振り、と映ったのです。

ある日のこと、半兵衛が城から帰るところを、櫓《やぐら》の上にいた竜興の近習たちが見掛けました。日ごろから主君竜興が、半兵衛を侮っているのを見知っている近習たちです。中の一人が、ちょうど半兵衛が真下に来かかるところを狙《ねら》い、前をまくって小便を飛ばしかけました。半兵衛は髪の毛から滴《しずく》が垂れるほど濡《ぬ》れてしまいました。主君竜興の権威を笠に着た、近習たちのいじめです。半兵衛は、怒りをじっと我慢して、自分の居城菩提山《ぼだいやま》城に帰りました。

半兵衛は、わが身に受けた恥をすすぐ決心をしました。風呂に入り、身支度を整えると、舅《しゅうと》である安藤守就《もりなり》の屋敷を訪ねました。安藤は斎藤家の筆頭家老です。半兵衛は安藤に、主君竜興や近習の日ごろの自分に対する態度、今日の屈辱のことなどを話し、この恨みを晴らしたい、と訴えました。しかし安藤は、この企ては到底《とうてい》成功する見込みは無い、と考え、主君に謀反を起こせば身の破滅になる、と諭《さと》して半兵衛を帰しました。

半兵衛の決心は変わりません。ちょうどそのころ、稲葉山城中に人質として送られていた、半兵衛の弟久作《きゅうさく》が病気にかかった、という知らせが届きました。半兵衛はこれを好機として、作戦を練りました。今まで学んだ軍書が頭の中にあります。それをいかに実地に応用するかということでもありました。

　半兵衛は、久作を看護するという名目で許可を得て、とりあえず六人の部下を城内の久作のもとに送り込みました。さらにその日の夕方、長持ちに武具などを入れて雑人《ぞうにん》に担がせ、半兵衛自身は侍十人を引き連れて登城しました。門番たちには、弟の病を見舞いたい、長持ちに入っているのは人々を持て成すための酒や食物である、と言って通りました。半兵衛は時々登城しているので、門番たちも格別怪しむ風はありませんでした。本丸の久作の住居に着き、夜更けを待って長持ちを開き、武具に身を固めました。半兵衛と家来、合わせて十七人です。

　半兵衛はまず、その夜の城番の侍大将斎藤飛驒守《ひだのかみ》を襲い、真っ二つに斬り倒しました。不意のことではあり、城中に居合わせた者どもが慌《あわ》て騒ぐところを、十七人の者たちはあちらこちらと斬って回りました。城主竜興は近習に囲まれやっと城外へ脱出し、美濃（岐阜県）領内の小城に落ち延びたということです。

　やがて城中から早鐘が打ち鳴らされ、待機していた半兵衛の家臣と、成り行きを心配していた安藤守就の手勢が入城し、稲葉山城は完全に竹中半兵衛の手に落ちたのです。時に永禄七（一五六四）年三月、半兵衛二十一歳の時でした。

　半兵衛は稲葉山城に居ることわずか十日余り、間もなく舅《しゅうと》であり、美濃の筆頭家老である安藤守就を仲に立て、竜興に城を返しました。そして、自分の居城菩提山城に退きました。しかし半兵衛は、そこも引き払って浪人となり、近江（滋賀県）の栗原山に住居を構えて、移り住みました。

斎藤竜興は、その数年後、織田信長に稲葉山城を攻め取られ、逃亡しました。一方竹中半兵衛は、木下藤吉郎（豊臣秀吉）の熱心な勧誘を受け入れ、以後藤吉郎の軍師として活躍することになります。

(4) 島津家久—島原城の戦い

天正十二（一五八四）年三月、肥前（佐賀県）の竜造寺隆信《りゅうぞうじたかのぶ》は、大軍を率いて有馬義純《よしずみ》の島原城（長崎県）を攻めました。義純は島津に助けを求めたので、島津の当主義久は、弟の家久に命じて義純を助けさせることにしました。家久は兵三千を率いて島原に来ると、有馬義純は家久に使いを送って、城に入るよう求めました。家久は、

「城に入って大軍に取り囲まれては都合が悪い。ただ明日、厳しい攻撃を行い、決戦するつもりである」

と言って、入城を断りました。

そして、部下将兵に軍令を出しました。

「下知《げち》が無いのに鉄砲を撃ってはならぬ。命令があったら連発せよ。但し弾は二つ、外に用心のため一つ」

残りの弾は取り上げて、全部舟の中へいれました。続けて、

「一番槍・一番手柄は採用しない。左右を顧《かえり》みず、真っすぐに敵に掛かれ、全員一隊となって、分散してはならぬ。一太刀斬ったら捨て、一槍突いて倒れたら他の敵に掛かれ。敵の首を取ってはならぬ。組み打ちをしてはならぬ。努めて敵を多く討て」

と厳命しました。いつもの戦い方とは全く違う、すごい戦法です。個々人の手柄は無視して、全員一つになって戦いの効率を挙げようという戦略です。舟の櫓《ろ》と櫂《かい》はすべて山へ投げ捨て、決死の覚悟を示しました。

さて、家久は軍勢を三手に分け、自らは一千騎を率いて姉津《あねづ》村へ軍を進め、伊集院《いじゅういん》の率いる一千騎は、姉津村の東側に伏せ、新納《にいろ》の率いる一千騎は、姉津村の西の山際に伏せました。家久の軍勢以外は、東と西に伏せて、敵に見えないように隠したのです。

竜造寺隆信は、島津を小勢と見て攻め寄せてきました。家久は鉄砲を二発撃たせ、一同で隆信の旗本に斬って掛かりました。その時東西に伏せていた、伊集院・新納の軍勢も一同に斬り掛かりました。隆信の旗本が右往左往に乱れた時、島津の臣川上《かわかみ》左京・万膳覚兵衛《まんぜんかくべえ》の二人が、ついに敵将竜造寺隆信を討ち取りました。島津家久の戦略は、見事に成功したのです。

この戦いの時、家久は十五歳になった子の豊久を近付け、

「天晴れな武者振りよ、ただ上帯《うわおび》（鎧《よろい》の胴を締めるひも）の結び方は、こうするものぞ」

と言って、結び直し、脇差しを抜いてその端を切って捨てました。これは、再び鎧を脱ぐことはない、という決死の覚悟を示すものです。そして豊久に、

「よく聞け、もし戦さに打ち勝って、戦死せずに帰ったなら、この上帯は父が解く。また、今日の戦さに屍《かばね》を戦場にさらすことになった時、島津の家に生まれた者は思い切った覚悟である、と敵も知り、父も黄泉《よみじ》で喜ぶであろう」

と言い捨てて、はや打ち立ちました。

家久は、戦場に向かうわが子に、武士の心構えを説いたのです。戦いが終わって後、家久は豊久を呼んで、今朝の約束のように、上帯を解いてやりました。

(5) 酒井忠次《ただつぐ》―鳶ヶ巣山《とびがすやま》を夜襲

織田信長・徳川家康の連合軍が、武田勝頼の軍勢と戦った長篠の戦いの時のことです。軍議の席で信長は、徳川方の武将酒井忠次を召して意見を求めました。忠次は、

「勝頼は、鳶ヶ巣山（愛知県）から有見原《ありみ》へ打ち出ます。勝頼が留守にした鳶ヶ巣山の砦《とりで》を奇襲して、陣屋を焼き払い、その後で有見原の背後を突けば、勝頼は必ず敗北するでしょう。今夜襲うべきです」

と、言いました。信長は聞いてカラカラと笑って、

「いかに忠次、そのような留守稼《かせ》ぎは、三河・遠江《とおとうみ》などで百騎二百騎の小競り合いの時のことである。さすがの勝頼との戦いに、そのような小戦さは思いも寄らぬこと、蟹《かに》は甲羅《こうら》に似せて穴を掘るとはこのことよ」

と、殊の外にあざけったので、忠次は赤面して席を立ちました。

さて、軍議が終わって皆が退出してから、信長は密《ひそ》かに家康を招いて、忠次を呼ぶように、と言いました。忠次が来ると、信長は側へ呼び寄せ、

「さすが徳川殿の片腕と言われるほどのことはある。先程の戦略はもっともである。あの時もっともと言うべきであったが、諸人が列座しているのをはばかって、最前のように言ったのだ。夜襲は敵に知られては成功しないからである。今夜の先手《さきて》をその方に申し付ける」

と言われ、忠次は面目を施しました。さらに信長から、信長の近臣金森長近《かなもりながちか》の率いる鉄砲隊五百を付けられ、家康からは本多広孝そのほか数名を付けて、忠次の作戦を援助しました。

忠次は夜を徹して鳶ヶ巣山へ取り掛かり、武田の留守隊と激戦して、砦を焼き落とし、長篠戦勝利の契機を作りました。

(6) 羽柴秀吉—鳥取城を兵糧攻め

織田信長から中国の毛利攻めを命じられた羽柴秀吉は、天正八（一五八〇）年、鳥取城へ軍を進めました。そして城将山名豊国《とよくに》に使者を送り、

「降伏すれば因幡《いなば》（鳥取県東部）一国を与えよう」

と言って交渉させました。豊国は、家老の中村春続《はるつぐ》・森下道誉《どうよ》に相談しましたが、賛成を得られず、豊国は一人で城を出て秀吉に降参しました。秀吉の考えでは、豊国が鳥取城を開城し、城兵一同で降伏することを期待していたので、この計略は失敗に終わりました。

鳥取城では家老たちが相談して、毛利方の山陰道責任者である吉川《きっかわ》元春に、城将を派遣してくれるよう要請しました。しかし、元春から派遣されて来た城将は、家老たちにとって納得できる武将ではありませんでした。家老たちは、

「鳥取城は、羽柴秀吉の大軍を引き受けて戦わなければならないので、吉川氏の一族の武将を派遣して欲しい」

と、要求しました。

吉川元春は熟慮した末に、吉川の分家筋に当たる、吉川経家《つねいえ》を派遣することにしました。経

家は天正九（一五八一）年二月、手勢四百を率いて鳥取城に入りました。

これより前、羽柴秀吉は鳥取城攻略について、黒田官兵衛の献策によって、兵糧攻めにすることにしました。まず、若狭《わかさ》（福井県西部）の米買い船の船主に依頼して、鳥取城を取り巻く因幡《いなば》国中の米を、時価の二倍で買い上げさせました。住民たちは、思いがけない高値に喜んで米を売りました。このことを聞き付けた鳥取城の中にも、高値で米を売った者があったと言います。秀吉は、買い上げた米を、弟小一郎の居城竹田城（兵庫県）へ運ばせました。

秀吉はまた、鳥取付近の住民を無理に城内へ追い込みました。城内の人数を増やして、出来るだけ早く城内の米を食べ尽くさせるためです。城内には千四百人の将兵が居ましたが、その将兵の家族と、追い込まれた住民を会わせると、籠城《ろうじよう》する人数は四千人を超えました。

吉川経家が鳥取城へ入って驚いたことは、食糧の蓄えがあまりにも少ないことでした。経家は急いで米の買い付けに走らせましたが、米はどこにもありません。経家は毛利方へ、食糧を運送してくれるよう要請しました。毛利方は経家の要求に応じて、日本海回りの船で食糧を運びましたが、その船は羽柴方に奪われ、または沈没させられて、ついに、毛利方から送られた食糧は、全く鳥取城に届きませんでした。

羽柴秀吉はその年の七月、鳥取城とその支城である丸山城を、二万の大軍で包囲しました。総延長十二キロの大包囲網で、鳥取・丸山両城を遠巻きにしたのです。

木の柵《さく》を打ち回し、川の縁には杭《くい》を無数に打ち込み、また、逆茂木《さかもぎ》（切り倒した木の枝をすべて斜めに削って先を尖《とが》らせ、敵の通行を邪魔する仕掛け）を並べ、川底には網を張りました。こうして敵が逃げ出せないような手立てをしました。

周りに置いた諸将の陣屋では、鐘やほら貝を鳴らし、夜はかがり火を明々と燃やして、敵を見張りました。日本海の海上には警固の船を置いて、見張りに当たらせました。

逃げ出す透き間はどこにもありません。まさに、完全な包囲網です。

こうして、鳥取城・丸山城は全く孤立無援となりました。城内の食糧は九月にはほとんど無くなり、十月になると餓死する者が続出するようになりました。その様子を「信長公記《しんちょうこうき》」は、次のように述べています。

「鳥取城には、因幡の国鳥取郡の男女がすべて逃げ込み、立てこもっていた。下々の者、百姓以下の者たちは、長い間籠城《ろうじょう》する覚悟も無かったので、たちまち餓死してしまった。

初めのうちは、五日に一度または三日に一度、鐘を突き鳴らし、その鐘を合図に雑兵《ぞうひょう》たちすべてが、柵際《さくぎわ》まで出て来て草木の葉を取り集めた。中でも稲の切り株（稲の切り株からは二番生えの新しい芽が出て、茎や葉や新もみに育っている）は、上々の食物であった。けれども、後にはこれも取り尽くして、城内の牛馬まで食ってしまった。（次第に寒さも厳しくなり）霜や露にうたれ、体の弱い者は限りなく餓死した。

餓鬼《がき》のようにやせ衰えた男女が、柵際までにじり寄り、もだえ焦がれて、

『ここから引き出して、助けてくださいよー』

と、叫びわめく声の悲しく哀れな有様は、目をそむけずにはいられない。

こちらから鉄砲で打ち倒すと、まだかすかに息をしているその者の所へ人々が集まって来て、手に手に刃物を持って、手足の関節を切り離して肉を取る。体の中でも特に頭部は味がよいら

しく、首をあちらこちらと奪い合って逃げ回る。いずれにしても人間の命ほど非情なものは無い。（中略）
十月二十五日、鳥取城は落城し、城にこもっていた者が助け出された。羽柴秀吉が、あまりに気の毒に思って、彼らに食物（かゆ）を与えたところ、食物に心を奪われて食べ過ぎ、半数以上の者が急死した。まことに餓鬼のようにやせ衰えて、随分と哀れな有様である」

この「信長公記」の記述は、鳥取城内の悲惨な様子をよく示しています。ちなみに、わが国で人肉を食った例は、この鳥取城の戦い以外には記録が無い、ということです。


吉川経家は、城将としての責任を感じ、城兵の命と引き換えに、十月二十五日、自刃して果てました。自刃に先立ち経家は、秀吉から贈られた酒で、最後の酒宴をし、宴がすむと、衣服をあらため、秀吉から検使として遣わされた堀尾茂助吉晴《もすけよしはる》に対面してあいさつをしました。その後、鎧櫃《よろいびつ》に腰を掛け、家臣であり介錯《かいしゃく》役の静間《しずま》源兵衛に向かって、

「信長公の実検にいれる首だ。よく打て」

と言って羽織を脱ぎ捨て、上半身の衣服を脱ぎ、刀を取って、にっこり笑い、

「日ごろ稽古《けいこ》したことでも、こういう時にはしくじりがちなものじゃが、これはまるで稽古せんことじゃ、ずいぶん不恰好《ぶかっこう》に見えるじゃろうが、笑うなよ」

と言った後、

〝もののふの取り伝えたる梓弓《あずさゆみ》　帰るやもとの住家《すみか》なるらん〟

（解釈　武士が先祖から伝えられた弓が、帰るところは元の住家であろう。自分も死んで元の住家へ帰ることにしよう）

と、辞世の歌を吟唱しました。吟じ終えると同時に、刀を左の脇《わき》に押し立て、

「エイッ！」

と、掛け声をかけて右脇まで引き、刀を持ち直して、みぞおちに突き立て、へその下まで押し下ろしました。腹十文字に切ったのです。そして引き抜いた刀を持ったまま、ひざに両手をつき、首を差し延べました。刀を抜いて構えていた静間源兵衛は、

「ごめん！」

と言いざま、打ち下ろしました。経家、時に三十五歳でした。

経家の近臣三人が続いて追い腹を切りました。また、家老の中村春続と森下道誉の二人も、責任を取って切腹しました。これで百日余りに及んだ鳥取城の戦いは終わりました。後の人はこの戦いを、〝鳥取の飢《かつ》え殺し〟と呼んでいます。

(7) 羽柴秀吉―備中高松城を水攻め

鳥取城を落城させた羽柴秀吉は、翌天正十（一五八二）年三月、備中高松城（岡山市）を攻撃することにしました。高松城は、織田・毛利両軍の決戦場とも言える、重要な地点にありました。高松城の城将は、清水宗治《しみずむねはる》という毛利方の知勇兼備の武将です。宗治については、次のような話が残っています。

ある時、毛利輝元が宗治を呼んで、宗治の領地加増を申し渡しました。その時宗治は、

「ただ今まで毛利の殿は、私に特別に心安く思《おぼ》し召されているものとのみ、存じて居りましたが、今このように加増頂くというのは、私を二心《ふたごころ》ある者と思し召されてのことと存じます。領地加増を賜わるには何らかの勲功がなくてはならず、訳もなくして賜わることは無いはず。

考えますに、近ごろ羽柴秀吉が、隣国播磨《はりま》（兵庫県）に出陣したとのこと。恐らくは私にも調略《ちょうりやく》の手を差し延べて来ましょうから、もしかすると寝返るのではあるまいか、との思し召しからの加増ではないかと存じます。私を二心ある者と思し召されることは、私の本心とは全く違っております。元就公御在世の時ならば、決してこのようなことは有るはずもないものを……」

と言って、宗治は涙を流し、加増を固辞して高松城へ帰った、ということです。

また、次のような話も伝わっています。

天正十年五月、小早川隆景は、羽柴秀吉が備中へ攻め入るとのうわさを聞いて、備中東部七か城の城主を、隆景の居城三原城《みはら》（広島県）に呼び集め、次のように言いました。

「織田信長が中国を退治すると言って、羽柴秀吉に大軍を付けて、今年の夏、備前より攻めて来るという風聞がある。恐らく宇喜多（直家）が手引きすると思われる。それについて、各々が守るところの城々は交戦の場となるであろう。そのうち信長より味方に付くよう策略を巡らして来ると思われる。信長へ志を通じようと思う者は、その心に任すことにする。古来その例も有ることなので、恨みに思うことはない」

と語り出したのを聞いて、七人の城主は、

「仰せ下されました趣意、誠に口惜しいお言葉でございます。そのようにお心もとない各々と思し召される者共に、大事な境目の守りを仰せ付けられるはずはありません。私共は決して二心は有りません。ただ一筋に一命を捨て、ご用に立つ覚悟です」

隆景は聞いて、

「各々の志、神妙（殊勝）の至り、祝着《しゅうちゃく》（満足）至極である」

と言って、それから防戦について評議を尽くしました。

終わって隆景は、振る舞いの酒肴《さかな》を出し、脇差しを一人ずつに与えました。城主たちは、

「この度の防戦に勝利の上は、重ねてまた目出たく、お祝いのために拝謁致そう」

と、あいさつしました。その時独り清水宗治だけは、一座の城主たちに向かって、

「ただ今のお言葉、我らにおいてはお受け致し兼ねる。その子細は、羽柴秀吉が攻めて来るからには、軍勢十万は必ず有るであろう。そうすれば、境目の小城、各々方の持ち口で防ぎ止めるに、必ず勝利を得るとは思われず、ただ一戦に及び、かなわぬ時は城をまくらに切腹することに決め申した。それ故、重ねて目出たきお祝いに会うことは我ら少しも思い申さぬ」

と、言ったということです。

さて、羽柴秀吉は岡山に着陣すると、直ちに黒田官兵衛と蜂須賀小六に、高松城の清水宗治との交渉に当たらせました。交渉の内容は、宗治が織田方に付けば、備中・備後（共に広島県）二国を与える、という信長の誓紙と、秀吉の添え状を持って、宗治に織田方へ寝返るよう勧告するものでした。

けれども宗治は、その勧告には乗らず、
「信長公御誓紙の趣旨は、誠に有り難く存じますが、多年毛利家に属し、東国所々の境目を預かり、重恩を被《こうむ》っております。それを今さら逆臣の身となり、主恩を忘れ、信長のお味方となり、織田の先手《さきて》となって毛利攻めに加わるとは、死後にまで恥辱を残すことになり申す。例え両国を拝領して栄華な暮らしをしたとしても、何の面目あって心底から楽しむことが出来ようか。織田方に付くなど思いも寄らぬこと。この段よろしく仰せ上げられよ」
と、返答したということです。

高松城は平地にあって、城の三方は沼、他の一方は大きな堀で、水をたたえていました。四方を水に囲まれた城を攻めることは難しい。四月二十七日、秀吉は、一気に高松城を攻め落とそうと、軍勢をいかだに分乗させて堀を渡る途中、矢弾を散々に浴びせられ、数百人の死傷者を出しました。

秀吉は、蜂須賀小六・黒田官兵衛を呼び、戦略を練りました。そして、黒田官兵衛の提案により、城を水攻めにすることに決めました。日本で始めての水攻めです。高松城の西側を北から南へ足守川《あしもり》が流れています。城の南西に堤防を築き、その内側に足守川の水を引き入れて、城を水浸しにしよう、というのです。高松城の地面は周囲の沼と比べて、わずか三メートル高いだけです。築こうとする堤防は、高さ約七メートル、長さ約四キロに及ぶ長大なものです。

堤防を築く工事は、五月八日から始められました。工事の奉行には、黒田官兵衛の家臣で土木工事に熟練した、吉田長利《ながとし》が任命されました。長利の指図で、二万の軍兵が工事に当たると共に、付近の住民に呼び掛け、土俵を一俵持参した者には銭百文を与えることにしました。住民は喜んで昼夜の別なく競って土俵を運びました。こうして、夜を日に継いだ突貫工事で、堤防は十九日ごろには完成しました。

次に、足守川の流れをせき止める方法を考えたのも吉田長利でした。川下にある大船三十を引き上らせ、順次石を積んで沈め、船と船の間にも石を詰め、次第に積み重ね、さらに近くの民家をこわして積み、水をせき止めることに成功しました。

こうして足守川の水は、高松城を囲む堤防の内側を次第に浸して行きました。陰暦五月は太陽暦では六月で、ちょうど梅雨《つゆ》時に当たります。日夜降り続く雨は次第に水かさを増し、二十五日ごろには高松城付近の民家は水没し、城をも浸し始めました。

毛利輝元は、吉川元春・小早川隆景を送り、秀吉軍と対陣させましたが、満々とたたえる湖水を目前にして、毛利軍は一歩も進むことが出来ませんでした。秀吉はすでに戦勝を確信しましたが、戦勝の功を御大将信長に譲ろうと、安土へ使者を送り、信長直々の出馬を要請しました。秀吉の要請を受けた信長は、自ら討伐に向かう決意をし、明智光秀・池田恒興《つねおき》に先鋒を命じ、出馬の用意をさせました。

一方毛利方は、この戦いの不利を知って、和平交渉によってこの難関を切り抜けようと考え、使僧安国寺恵瓊《あんこくじえけい》を羽柴方に遣わしました。恵瓊から、和平を望む毛利方の意向を聞いた羽柴方

では、協議の結果、
「備中・備後・美作《みまさか》・伯耆《ほうき》・出雲《いずも》五か国の譲り渡しと、高松城将清水宗治の切腹」を、和議の条件として提出しました。

毛利方では、恵瓊から羽柴方の条件を聞いて、五か国譲り渡しについては、異論もありましたが何とか了承しました。しかし、宗治切腹については了承出来ない、としました。宗治が秀吉からの調略を断り、律儀に城を守り、ひたすら毛利へ忠勤を尽くしているのに、切腹を命ずることは武士として忍び難いことであったのです。こうして、毛利・羽柴間の和平交渉は中断しました。

このような状況にある時、六月三日の深夜、突如として秀吉のもとに本能寺の変の知らせが飛び込んで来ました。織田信長が明智光秀によって六月二日の早朝に討たれた、というのです。秀吉はこの知らせを受けるとしばらく呆然《ぼうぜん》としていましたが、やがて事の重大さに気を引き締め、直ちに安国寺恵瓊を呼んで、再び講和の交渉に入りました。

秀吉は、講和の条件を緩め、織田方への譲り渡しを、備中・美作・伯耆の三か国に減らし、高松城は、清水宗治の切腹によって、城兵すべての命を助ける、ということにしました。

宗治の切腹は、毛利方の最もこだわるところでしたが、秀吉にとっては、宗治の首を取ることが天下に羽柴軍の勝利を示す証拠となり、秀吉の将兵に勝利を実感させる手段でもあったのです。

恵瓊は秀吉の条件を聞いて、領地の条件には問題ないが、宗治の切腹については、毛利側に持ち帰っても解決は難しいと判断し、自ら宗治に会って説得しよう、と考えました。そして、秀吉方に船の用意を頼み、高松城に出向き、宗治と面談しました。

恵瓊から事情を聞いた宗治は、自分の切腹によって、城兵一同がこの苦しみから解放されることに、城主としての責任と、武将としての誇りを感じ、直ちに了承しました。

恵瓊は毛利方に帰り、秀吉側から出された条件と、宗治と面談した結果を報告して、毛利方の合意を取り付けました。そして羽柴方へもこの合意を伝えました。すぐに秀吉から宗治へ、清らかに飾った小舟一艘に、酒肴《さかな》十荷《か》（一荷は一人が担ぐ分量）と、極上の茶三袋を乗せて送り届けられました。宗治方ではその酒肴で最後の酒宴を開きました。

六月四日昼前、宗治らを乗せた船が、高松城から羽柴陣地に近付きました。羽柴陣営からは検死役として堀尾茂助吉晴《もすけよしはる》が、小舟に乗って宗治らを見守っています。周りの小高い丘からは、羽柴方の軍兵がひしめき合って見守っています。また遠くからは、毛利・吉川・小早川の軍勢が見守っています。白装束に身を包んだ宗治は船中に立ち上がり、静かに刀を抜き、謡曲《ようきょく》〝誓《せい》願寺《がんじ》〟を謡《うた》いながら舞いました。終わると着座して、辞世の歌を、

〝浮世をば今こそ渡れ武士《もののふ》の　名を高松の苔《こけ》に残して〟

と詠《よ》んで、腹かき切って果てました。時に宗治四十六歳でした。

秀吉からの条件は、宗治一人の切腹でしたが、高松城中で共に戦ってきた者の中には、宗治一人を死出の旅路に送り出すに忍びず、宗治に殉じて、宗治の兄月清《げっせい》入道、毛利から派遣され

ていた末近信賀《すえちかのぶよし》ら六人が、それぞれ船の中で追い腹を切りました。

毛利方が信長の死を知ったのは、宗治が切腹した四日の晩でした。毛利方では秀吉の策略を非難して、再び戦いを挑もうとする意見もありましたが、すでに和議の誓書を交換した後である、ということでその場を治めました。そして六日に陣地を撤退しました。秀吉はそれを見届けると、木下昌利《まさとし》に堤防を切ることを命じ、杉原家次《いえつぐ》に高松城の受け取りを命じました。そして午後二時ごろ高松を立ち、明智光秀討伐に向かったのです。


清水宗治が亡くなってから、高松城に居た宗治の家臣は、毛利輝元と小早川隆景が引き取り、それぞれ家臣としました。また、後のことですが、小早川隆景が上洛して秀吉に拝謁した時、秀吉が隆景に、

「清水宗治の子供がいるであろうから、それを寄こせ、知行一万石をやろう」

と言いました。隆景は帰ってから、宗治の子景治《かげはる》にこのことを伝えると、景治は、毛利に居たいと言って断りました。景治と、月清入道の子行宗《ゆきむね》は、共に小早川家に終生仕えたということです。


秀吉は、自分と戦って敗れた敵将が、最期を飾ることが出来るように気配りをしました。前項の吉川経家の場合も、本項の清水宗治の場合も、切腹が決まるとすぐ、酒その他の品を贈りました。二人の城将は、それによって惨めな思いをすることなく、盛大に部下との別れをして、立派に最期を遂げることが出来ました。

秀吉にとっては、自分と戦った敵将が優れた武将であってこそ、それを打ち破った秀吉自身の価値も高まることになるのです。

(8)　蒲生氏郷《がもううじさと》―岩石城《がんじゃく》を力攻め

天正十五（一五八七）年三月、豊臣秀吉は大軍を率いて九州征伐に出発しました。蒲生氏郷も千五百の兵を従えて同行しました。

秀吉軍が北九州へ入ると、北九州の諸豪族は秀吉の威に恐れて、続々と降伏を申し入れて来ました。中にただ一人、秋月種実《あきづきたねざね》だけは降伏せず、秋月城と岩石城（共に福岡県）の二つの城を固く守って抵抗しました。

秀吉は、両方の城の地形を見て、まず秋月城から先に攻めることにしました。岩石城は、天然の要害の地に築かれた堅固な城で、それに秋月方の豪将が、兵三千をもって守っているということでした。

秀吉にとっては、関白として九州に進軍し、その第一歩で攻めあぐむようなことがあっては、関白の権威にかかわることになります。それで、秀吉は大事をとって、前田利長・蒲生氏郷らに、岩石城の抑えを命じ、監視させることにして、自身は秋月城の攻撃に向かったのです。

気性の激しい蒲生氏郷は、秀吉軍の主力が秋月城攻めに進軍して行く中で、後に残って岩石城の監視をしているのが無念でたまりません。岩石城を攻め落としてやろうと思うようになりました。

そこで、まず偵察《ていさつ》にかかりました。家臣に命じて、城下のふもと一帯を調べさせると、住民はすでに十日前に立ち退《の》いており、家には一人も住んでいないことが分かりました。城攻めの邪魔になるものは何もありません。

氏郷は家老の一人を呼んで、

「その方、関白殿下の御本陣へ参り、『岩石城は攻め落とせると見ました。攻撃をお許し下さるよう』と、お願い申してまいれ」

と命じました。

家老は秀吉の本陣へ行き、氏郷の願いを伝えました。秀吉は聞いて、

「岩石城は聞こえた名城である上、武勇優れた数人の城将が守っている。もし攻めあぐむようなことがあっては、今後の戦いに大きく響く。反対に攻め落とせば、後の戦さによい影響を与えることはもちろんである。しかし冒険が過ぎる。止めにせよ」

と言って、許可しませんでした。

氏郷は家老の報告を聞いて、秀吉の言葉の中に幾分かの許可の可能性を見いだしました。氏郷は二度、三度と使いを出して、秀吉の許しを願いました。

ついに秀吉は、

「それほどまでに申すならば許そう。もし攻めあぐんだならば、切腹仕れ」

と、返答しました。

氏郷は大変喜び、秀吉の言葉を家臣に告げ、

「皆々討死《げち》の覚悟で働いてくれ」

と、下知しました。失敗は絶対に許されません。家臣一同、氏郷の覚悟の程をひしひしと感

じ、その用意をしました。

秀吉から、さらに命令が来ました。

「城中の人数、殊の外多いとのことなので、氏郷の人数だけでは不足であろう。前田利長その他に加勢させる。わしも明日は早朝から、柞原山《ゆすばるやま》に本陣をすえ、見物致す。よく働け！」

関白秀吉が桟敷席から見物する。秀郷勢にとっては、最高の見せ場となりました。

明けて四月一日、戦いは早朝に始まりました。氏郷勢は城の大手（正門）から、前田利長らはからめ手（裏門）から、それぞれ攻め懸かりました。

氏郷勢は、ふもとにあった三つの砦《とりで》を即時に乗っ取り、岩石城目がけて攻め上ります。城中からは盛んに鉄砲を撃ちかける。こちらからも撃ち込む。

秀吉は柞原山の上で、軍勢に鬨《とき》の声を挙げさせ、千成《せんなり》びょうたんの馬印（秀吉の本陣を示す大旗）を打ち振らせ、声援しています。

蒲生勢はついに正門際まで攻め上りました。敵は必死で防戦する。すさまじい戦闘です。

「その門を乗り越えよ！」

氏郷の声に、蒲生勢の勇士が、先を争って塀をよじ上って、城内へ飛び込みました。後の兵も我も我もと続き、二の丸の塀をも押し渡り、二の丸も占拠しました。

秀吉はこの様子を見て、

「はや城は落ちるぞ！　してやったり、見事！」

と叫び、着ていた陣羽織を脱いで、使い番の者に、

「これを着て本丸を乗っ取れ！」

という口上と共に、氏郷のもとに届けさせました。

氏郷は拝謝して受け取り、それを着て、

「全員残らず、本丸へかかれ！」

と下知して、真っ先に突進しました。蒲生勢一同火の玉となって、本丸を攻撃しました。

これを見て、他の将の兵も励まされて、攻撃します。

城中では必死に防戦しましたが、どうすることも出来ません。ついに城将以下討ち取られ、城は落ちました。

秀吉は、愛馬の一つ、鹿毛《かげ》の太くたくましい馬に鞍《くら》を置いて、氏郷のもとへ引かせ、

「この馬に乗って本陣へ参れ」

と、口上を伝えさせました。

氏郷が秀吉の本陣に出頭すると、秀吉は、今日の働きを激賞し、さらに、氏郷の家臣も呼び出して褒め、それぞれに褒美を与えました。


豊臣秀吉という男は、将士の心をつかむ非常に優れた才能を持っていましたが、この場面での氏郷や氏郷の家臣への対応にも、その一端がよく表われています。

岩石城がわずか一日の攻撃で落ちたことで、氏郷の勇猛は全軍に知れ渡りました。それはまた、秋月種実にとっては大きな衝撃でした。種実は頭を丸めて秀吉に降伏を申し出ました。種実の降伏は、関白軍の威力を九州全土に認めさせることになりました。

6　部下を思う

主君にとって部下は戦闘力そのものであり、また、命懸けで戦う同志でもありました。そこに自然に情が生まれ、一体感が育ちます。

(1)　甘利晴吉《あまりはるよし》―部下の命を救う

武田信玄が武蔵《むさし》松山城（埼玉県）を攻めた時のことです。武田の部将甘利晴吉の組下《くみした》に、米倉《よねくら》丹後とその子彦次郎という侍がいました。彦次郎は戦場で、鉄砲弾で腹から背中へ撃ち抜かれて倒れました。彦次郎の家来が肩にかけて味方の陣地まで退きましたが、彦次郎は重傷ながら死にませんでした。胴の内部に血がたまって腹は大きくふくれ上がり、今にも息が絶えそうな有様です。

そばに居た者が、

「葦毛《あしげ》の馬の糞《ふん》を水に溶かして飲んだら、腹にたまっている血を、外に吐き出すことができる」

と言いました。

彦次郎の家来がこれを調合して彦次郎に勧めると、彦次郎は大剛《だいごう》の侍ですから、目を開けて

言うには、

「わしは、胸元を前から後ろへ撃ち抜かれている。どうして命が助かろうか。どうせ死ぬものを、彦次郎こそ命を助かろうとして畜生の糞を飲んだ、などと死後まで人に笑われることは無念の至りである。武士が戦場で死ぬのは、これこそ本望である」

と、頭を振って飲もうとしません。

組頭《くみがしら》の甘利晴吉が、この様子を見て彦次郎に近付き、

「彦次郎がふだんの心懸けとも思えぬことを申すものかな。もっとも深手であるから、命が持つかどうかは分からぬ。けれども、もし血が抜け出て傷が治ったなら、主君への忠節、父母への孝行、何ごとかこれに過ぎるものがあろうか。ばかげた世間の非難を気にして、忠孝の重いことを忘れるのは、武勇の侍のすることではない」

と言いながら、その馬糞水をひしゃくに受けて、自ら二口飲み、舌打ちして、

「味はよいぞ」

と、手ずから彦次郎に飲まそうとしました。

彦次郎は涙をハラハラと流して、

「これは誤っておりました。お志のかたじけなさ、例え命を失うとも忘れるものではありません」

と言って、ひしゃくを押し頂き、一滴も残さず飲み干しました。

すると間もなく、腹にたまっていた血を、一桶《おけ》ばかり吐き出しました。そして、その後、傷も次第に治ったのです。

右の経過を考えると、まず、彦次郎の家来が、彦次郎に馬糞水を飲むように勧めた時、彦次郎が言ったことば「……死後まで人に笑われる……武士が戦場で死ぬのは本望……」は、武士の間では常識とされていた考え方です。武士は恥を恐れ、名誉を重んじました。この常識が彦次郎の心を縛っていたので、彦次郎は馬糞水を飲もうとしなかったのです。

甘利晴吉は、彦次郎のこの考えを打ち破りました。最も大事な道徳である忠孝を行うためには、「ばかげた世間の非難」を恐れてはならないと言うのです。武士の常識をばかげた世間の非難と断じたのです。彦次郎は聞いて、自分を縛っていた武士の常識から解放されました。甘利晴吉はさらに、馬糞水を自ら飲んで見せました。

甘利晴吉の考え方と行動は、部下である彦次郎への強い愛情と、それに基づく理性から生じたと考えられます。甘利晴吉の愛情と理性が彦次郎の命を救ったのです。

武田信玄は、後にことの次第を聞いて、甘利晴吉の部下を思う心懸けを深く感賞したということです。

(2) 加藤清正—下僕の心懸けを賞す

加藤清正が熊本城に居た時のこと。ある夜、便所へ行くのに、小姓二、三人が付き添って行き、手洗い場に控えていました。清正は便所へ行く時は、いつも歯の高い足駄《あしだ》（高下駄）を履《は》きましたが、今夜はしきりに足駄の音をトントンと踏み鳴らすので、小姓たちは何事であろうか、と怪しんでいるところへ、清正が、

「忘れていたことがあった。今思い出した。早く床林隼人《しょうばやしはやと》を呼びに遣わせ」

と、言いました。

すぐに床林へ使いをやりましたが、もはや夜中過ぎでもあり、床林は風邪《かぜ》気味でもあったので、すでに寝ていました。しかし、すぐ起きて、使いと共に乱髪のまま登城しました。

清正は痔《じ》が悪く、便所にも時間がかかりました。それで、清正がまだ便所にいるうちに床林が来て、

「床林参上しました」

清正は便所の中から、

「その方を呼んだのは外のことではない。そちの家来に、年ごろ二十歳《はたち》ばかりの、いつも茜染《あかね》めの袖無しのひとえ羽織を着た者が居る。彼の名は何と申すか」

と尋ねました。

「彼は出来助と申して、機敏な者ですので、草履取りに召し使っております。よく働く者です」

「思った通りだ、そのことよ。いつぞや川じりで芝居能があった時、その方も連れて見物に行ったが、その時わしは、出来助が小便するのを見ると、肌に鎖《くさり》かたびらを着て、脚絆《きゃはん》の代わりにすね当てを付けていた。今、天下ようやく治まり、人は皆平服になり、武具の用意もほどほどにするところに、下僕には珍しい心懸けの者と思った。

その方に話そうと思ううちに、諸事に紛れて延びていたが、今夜ここで能の足踏みをして見たところ、あの川じりのことを思い出した。なかなか少しの間も延ばして置くべきでない、彼

に褒美してこそ戦さ備えの道も達することが出来る、と考えた。

つらつら思うに、人の生死、世の治乱、身の盛衰、天地の変、みな計り難いものである。こうしている内にも、自分が死ぬかその方が死ぬかしたら、一人欠けてもこのことが無になり、残念である。とふと思ったので、夜更けではあるが、その方を呼び寄せたのだ。今夜は大儀であった。急いで帰って出来助にこのことを申し聞かせ、相応に取り立てて遣わせ。しかし、朋《ほう》輩《ばい》のねたみもあるので高禄は無用にせよ。また、その方の家内の者、何事であろうと気遣いして待っているであろうから、急ぎ酒を熱くして飲んで帰れ」

と、懇《ねん》ろ《ご》に言って、小姓の用意した麦のひしお（副食用みそ）をさかなに、酒を給わりました。

床林は、ただ主君の恩に感じ、思わず涙を流し、

「殿にもまずお休みくだされ」

と申し上げたので、清正は寝室に行きました。床林は近習に向かって、

「殿には便所が長いので、風邪にかからせ給わぬように、気を付けられよ」

と、言い残して家に帰りました。

すぐ出来助を呼び出し、清正の賛辞に付いて詳しく話し、その上六十石を与えて、近習に取り立てました。

(3) 加藤清正―飯田《いいだ》覚兵衛の述懐

加藤清正の家臣に、飯田覚兵衛という侍大将がいました。覚兵衛は、清正と幼少のころから

の友達で、清正の家来になってからは各地の戦いに名を挙げました。覚兵衛は老後に、次のように心中の思いを語ったそうです。

「自分は、主人主計頭《かずえのかみ》（清正）に一生だまされた。初めて戦場に出て手柄を立てた時、仲間が多く鉄砲に当たって死んだので、危ないことだ、こんな危ないまねをする武士などは、もう懲《こ》り懲《ご》りだ、と思って帰陣すると、清正は自分の顔を見るなり、

『今日の働き、神妙（殊勝）である』

と褒《ほ》めて、刀をくれた。

それからも戦いに出る度に、武士になったことを後悔した。しかし、清正は時を移さず、陣羽織や感状をくれて皆の前で褒める。それを見て人々が自分をうらやんで、褒めちぎるものだからついそれに惑わされて、いつの間にか侍大将に出世してしまった。

要するに、いつも清正にだまされて、武士をやめることが出来なかったのだ」と。

この飯田覚兵衛の述懐から分かることは、加藤清正が家来である覚兵衛に、絶えず心遣いをしていたこと、覚兵衛はそれによって、清正から逃れる機会を失い、家来としては最高の侍大将になる程に、清正のために働いたということです。

覚兵衛は、「清正にだまされた」と言っていますが、それは清正に上手に使われたということを親しみを込めて言っているので、本心は清正に大事にされたと思っているのです。

(4)　立花道雪《どうせつ》―家臣全員を勇士にする

立花道雪は大友宗麟の家臣でした。大友氏は九州北部に勢力を張っていましたが、島津氏に圧迫されて次第に衰えました。しかし道雪は、最後まで島津に屈することはありませんでした。

道雪が若いころ、ある夏の日に大樹の下で涼んでいると、不意に雷が足に落ち掛かりました。道雪はそれ以来歩行不自由になり、戦場に出るにも常にかごに乗って出るようになりました。

道雪が戦場に出る時は、長めの刀と、種子島《たねがしま》の鉄砲をかごに入れ、九十センチの棒にひもを付けて手に持って乗りました。かごの左右には、長い刀を差した若い侍百余人を引き連れていました。戦さが始まると、かごをこの侍に担がせ、棒でかごをたたき、「エイトー」と声を挙げて、

「このかごを敵の真ん中にかき入れよ」

と言って、「エイトー、エイトー」と拍子を取ります。遅い時はかごの前後を棒でたたきます。そうすると、かごを担いでいる者は、遅くなるのは敵から逃げるよりも恥である、と心得て、わき目も振らずまっしぐらに敵の中へかき入れます。かごの左右の侍は、長い刀を抜き連れて一文字に斬って掛かります。

先陣の者どもは、

「それ、音頭ぞ！」

と、言い終わらぬうちに、われ先にと競い掛かり、どのような強敵堅陣でも切り崩します。もし先陣が追い立てられた時は、道雪は大声を挙げて、

「我を敵の中へかき入れよ！　命が惜しければその後で逃げよ！」

　と、目をむき出して下知《げち》するので、負けそうになっていた戦さも盛り返して、ついに勝つことになります。こんな風ですから、道雪の侍には、一日に何度も敵と戦ったと言う者が多くいました。

　道雪は常に、

「侍に弱い者はいない。もし弱い者があればその者が悪いのではなく、その大将が励まさない罪である。わが家では侍は言うまでもなく、下僕に至るまでたびたび功名しない者はいない。他の家で気後《きおく》れする侍があったらわが家へ来て仕えよ。取り替えて逸材にしよう」

　と、言っていました。

　また、たまたま武功の無い侍がいると、

「運不運があるのは武功のことよ。弱兵でないことはわしが確《しか》と見定めた。明日にも戦さに出たら、人に唆《そそのか》され、抜け駆けして討死し給うな。それは不忠である。身を全うして道雪を見守って給われ。各々を打ち連れて居ればこそ、このように年老いた身で、敵の真ん中に在ってひるんだ気色を見せないのだぞ」

　と、親しみを込めて言い、酒を酌み交わし、そのころ流行している武具を取り出して与えるので、これに励まされて、次の戦さの時は必ず人に後れないようにと勇みました。

　戦場で少しでも武者振りが良く見えたら、その者を呼び出して、

「皆々ご覧の通り、この道雪が見定めたところに間違いは無い」

　と言って、優れた剛の者を呼んで、

「この者を頼み申す、よく引き回してよ」

また、

「人々がよく心を合わせること、この道雪は天のご加護を受けることよ」

と、自ら勇み立ちます。

もしまた、人々の集まった席上で、若い侍が心得違いなどをした時は、客の前などに呼び出して、笑みを浮かべ、

「道雪の侍、ふつつかではござるが、戦さに臨んでは火花を散らし申す。槍はこの人々こそよく致す」

と言いながら、槍で突く動作をして褒めるので、家臣どもは感じて涙を流し、この人のためにこそ、と励みました。

(5) 徳川家康―家康の宝

豊臣秀吉の前に諸大名が集まったある日のことです。席上、話がたまたま宝自慢になりました。

秀吉は、自分の持っている秘蔵の品を、一つ一つ言い並べた後、

「それで、おことらはどのような宝を持っておられるか」

と、諸大名に尋ねました。

秀吉に促されて、大名たちはそれぞれ、自慢の宝を数え上げて見せましたが、家康だけは、黙って口を開きません。

「三河（徳川）殿はどうじゃ」

秀吉が尋ねると、

「三河育ちの田舎者ゆえ、家に伝わる宝なども無く、また、珍しい書画・調度《ちょうど》（器具）などを蓄えたこともござらぬ。しかしながら、某《それがし》のためには命を惜しまぬ家来が、五百騎ばかりござる。これこそ家康にとって、何物にも代え難い宝と思うてござる」

聞いて秀吉は、

「はてさて、三河殿は果報者よ。そのような宝、わしも持ちたいものじゃ」

と、感慨を込めて言いました。

家康には、本拠地である三河（愛知県東部）以来の、先祖代々受け継いで来た譜代の家臣が多数いました。しかし秀吉は、低い身分から成り上がった者ですから、当然譜代の家臣はいません。このことは、秀吉と家康との決定的な違いでした。

7 主君を思う

(1) 木下藤吉郎―信長の草履取り

豊臣秀吉が木下藤吉郎と名乗っていた十八歳のころのことです。織田信長が鷹狩りから帰る途中を待ち受けて、熱心に頼んで、信長の草履取りにしてもらいました。

そのころ、信長は年が若かったので、夜ごと忍んで女性の所へ通っていました。内々のことなので、供には草履取りばかりを連れ、そのほかの者は召し連れません。藤吉郎も供に出ましたが、その後で草履取り頭《がしら》に、

「某《それがし》こと、諸事見習い致したいと存じますので、毎夜お供に出して頂きとうございます」

と、頼みました。頭ももっともと思い、藤吉郎をいつも供に出すことにしました。それを信長が不審に思い、草履取り頭を呼んで、

「藤吉郎を毎晩供に出すのは、古参の者どもの横着であろう」

聞いて頭は、

「藤吉郎こと、強《し》いて願い申しますので、毎夜出しております」

それで信長も了承して、いつも供に召し連れていました。

ある雪の降った夜のことです。信長が女性の家から帰ろうとして下駄を履くと、暖かかったので、

「お前が腰を掛けたこと、不届きである」

と言って、杖《つえ》で藤吉郎を打ちました。藤吉郎は、

「腰は掛け申しません」

信長はいよいよ腹を立て、

「偽りを申すな！　成敗致す！」

と言っている所へ、女性方の侍女が出て来て、詫び言を言いました。

「とかく腰は掛け申しません」

「暖かであったことこそ証拠である」

「寒い夜ですのでお足が冷たいと存じ、背中に入れて暖かくなるように致しておりました」

「証拠を見せよ」

藤吉郎は着物を脱いで見せました。その背中には、鼻緒の跡が明らかに付いていました。

このことがあって、信長も藤吉郎の忠義の心に感じて、藤吉郎を草履取り頭にしました。頭になっても、藤吉郎はいつも供に出ていました。供待ちをするのに、他の頭は家へ上がり、草履取りを外に出しておくのが普通ですが、藤吉郎は反対に、草履取りを家の中に入れて、自分は外に出ています。信長がそれを見て、不審に思っていると、藤吉郎は、

「このような時には、戦場と違いお心も緩《ゆる》みます。今は乱世の時でありますので、万一敵方より忍び入って、お命をねらい申す者が無いとは限りません。それで私は出ております」

信長は一層、藤吉郎の忠義を感じました。

(2) 本多作左衛門――家康の疔《ちょう》を治す

徳川家康が浜松に居た時、背中に疔という悪性のはれ物が出来ました。日がたつにつれて悪化し、様々の手を尽くしましたが、良くなる兆しは見えず、次第に高熱と痛みが激しくなり、やがて、明日をも知れぬ病状になりました。さすがの家康も覚悟を決め、重立った家臣を召し集めて、後のことなど申し付けました。

それを聞いて本多作左衛門重次《しげつぐ》が、家康の枕元に近付いて泣く泣く申すには、

「殿も定めし覚えておられましょう。私が昔この病を患った時、立ち所に効き目が現れた良医が居ります。かの医者を召して見せられませ」

聞いて家康は、

「諸将はすでに見切りを付けた。わしもまた覚悟を決めた。この上、医療の仕様もない。命を惜しむような、見苦しいことはしたくない」

と言って、相手にしません。その時、作左衛門は大いに怒って、

「これほど大事なはれ物を軽々しく思し召し侮って、事ここに及び医者も手の施しようが無くなった。それで良医に依頼して、治し参らせようとするのも用いられず失せ給うこと、ご性格とは申しながら、誠にもったいないお命でござる。年老いた重次が、お後よりお供することは出来ぬ。それではお先にお供仕ろう」

と、その席を立って、すぐにも腹を切ろうとする気色です。家康は驚いて、

「あれを留めよ」

と言ったので、近くに居た人々が走り出て引き留め、

「仰せられることが有るとのことです」

聞いて作左衛門は、大声で怒って、

「最期の暇請《いとまご》いをして退出する者を、人々の見苦しい留めようや」

と、ののしって出ようとします。人々に、

「けれども、『留めよ』との仰せである。大人気《おとなげ》もござらぬぞ、本多殿」

と言われ、

「まことに左様であった」

と、素直に座に戻りました。家康は作左衛門に、

「そちは物に狂うて、そのように思うか。わしはまだ死んではおらぬ。例えわしの命が終わるとも、その方らが世に在ることを頼みにして死ぬのだ。その方らいかにもして一日も世に残って、若者どもに指図して、わが家の絶えぬように取り計らおうとはせず、無益な死の供をしようとするは何事か！」

と、怒って言いました。作左衛門は、

「いやいや、それは人によってのことでござる。重次、今少し年が若かったなら、仰せまでもなく、犬死にする人のお供など、無益なことは致し申さぬ。重次が若年の昔から、ここかしこの戦さに従って、目を射られ、指を切り落とされ、足を切られ、傷という傷を身一つに受けて、殿亡き世に在ることは出来ぬことでござる。殿が失《う》せられたならば、行く末長く仕えようと頼

みにしていた若者たちは、主君に別れ気後れして、矢の一筋も射ることが出来ぬであろう。

　重次がそれまで生き長らえていたなら、

『あの年老いた武骨者は、徳川家の譜代で何某《なにがし》と言われた家人《けにん》だが、いかに命が惜しいとは言え、あのように世間に恥をさらすのか』

　と、後ろ指を差されることは、老いの恥これに過ぎることはござらぬ。最近まで、武功のある人々が当家に召されて屈服するのを見て、哀れに思ったが、今は自分の身の上になったと存ずる故、殿に後れることが悲しいだけではなく、わが身の終わりも浅ましく存じ、お先に死ぬのでござる」

　と言います。家康は聞いて、

「そちが申すところの道理、誠にもっともである。それでは、医療のことはその方の心に任せよう。その上で、天命すでに至って、家康が死んでしまっても、その方はまた家康の心に任せて、いかなる恥を見るとも一日も生き残って、後のことを計る積もりがあるか、それはどうじゃ」

　と、作左衛門を詰めました。

「殿が重次の心にお任せ下さる上は、重次がどうして仰せを背《そむ》き奉ることがありましょうか」

　家康は作左衛門の返事を聞いて、

「それでは医師を呼べ」

　と、言いました。

　やがて、医師の診断によって、灸《きゅう》をすえることになりました。作左衛門がもぐさを取ってすえるのに、家康は痛みを感ぜず、もぐさを多く加えて、ようやく少し痛みを感じるようになりました。灸の跡には膏薬《こうやく》を付け、入浴もしました。

すると、その日の夜中にはれ物がつぶれて、血に混じったうみが大量に流れ出ました。そして、疔の重苦しい気分が急に軽くなりました。

作左衛門は、嬉し泣きに声をあげて泣きました。左右に控えていた人々も共に涙を流しました。疔はその後、快方に向かい、間もなく完治したのです。

本多作左衛門は直情経行の侍です。その作左衛門が、切腹覚悟で、命懸けで、治療を断念した家康に迫りました。そして見事に家康の命を救ったのです。

(3) 堀直政—供をする時の覚悟

豊臣秀吉が九州の島津征伐に出陣した時、堀直政は、主君堀秀政に従って九州に渡りました。ある時、秀政の近臣である山下甚五兵衛が急に乱心して、主君である秀政に斬り掛かりました。秀政が刀を抜き合わせたところへ、遥か後ろに居た直政が、一番に駆けて来て甚五兵衛を斬り倒し、秀政の左右に供をしていた侍たちと共に討ち止めました。

後日、秀政の供の者たちが直政に会って、その日のことを言い出し、

「あの時は日暮れでもあり、不意のことでもあり、我らは心ならずも少し遅れたが、お身は遥か後ろに居られたのに、どういう訳で一番に手を合わせることが出来たのか、不審なことに存じます」

直政は聞いて、

「いやいや、各々も武術が某《それがし》に劣られるわけではない。某は、かねて一つの覚悟があってのことです。各々にはこの覚悟が無いので某に先んじられたのです。この後も各々は殿のお供を勤められることとなので、お心得なされるがよい。今まで人に申したことは無いが、伝授致しましょう。大体、君の御前に仕えお供する時は、決して脇《わき》へ目をやらず、始終主君に目を放さずに居るのを肝要とします。そうすれば、君の動静を針ほどのことも見逃すことは無い。それゆえ不意の出来事にも、無意識のうちに速やかに対処することが出来ます。このことをお忘れないように」

と、直政は供をする時の心懸けを語りました。

(4) 福島正則―茶道坊主の忠義に感ず

福島正則の近習の一人が過《あやま》ちを犯したので、正則は、その者を広島城の櫓《やぐら》に押し込め、食物を与えずに餓死させようとしました。

その近習の恩を受けたことのある茶道（茶くみ）坊主がこのことを知って、少しの罪でこのような囚人の身となったことを悲しみ、握り飯を焼いて夜こっそりと持って行きました。そのとき近習は、

「私は罪を犯したので、このようになったのだ。そなたの行いを殿がお聞きになったら、きっと私より重い罪に付けられるであろう。また、飯をくったとて命が助かるわけでもない。早く帰れ」

茶道は、

「私が重い罪に付けられても後悔はしません。私は以前、すでに殺されるべきことがあったのに、あなた様の救いで一度助かったのです。恩を受けて報じないのは人ではありません。私の志を無になさろうとすることこそ、残念です」

と、抗議するように言いました。近習はこの言葉を聞いて喜び、「それでは」と、握り飯を食べました。そして、夜ごとにこのようなことが続きました。

相当の日数が過ぎて、「もう死んだであろう」と、正則が櫓へ行って見ると、その近習の顔色は少しも衰えていません。正則が、

「さては、飯を運んだ者がおるであろう」

と、怒るところへ茶道が来て、

「私が運びました」

正則は、茶道をハッタとにらみ、

「おのれ！　どうしてそのようなことをしたのだ。頭を二つに切り割ってやる！」

と、正則がひざを立て直すのに、茶道は少しも騒がず、

「私はむかし罪を受けて水攻めに会い、すでに殺されるところを、この人が申し開きをしてくれたので、思いがけなく今日まで生き永らえることが出来ました。その恩に報いるため、毎夜忍んで飯を運びました」

と、訳を話しました。

正則は怒っていた目から涙を流して、

「その方の志、感じ切れぬほど大きい。恩に報いるはこのようでなければならぬ。彼をも許してやろう」

と言って、そのまま櫓の戸を開けて、近習を外に出しました。

茶道坊主の報恩から出た真心が、福島正則の心を打ったのです。

(5) 大崎長行《ながゆき》に奉公した女

福島正則の家来に、大崎長行という侍がいました。正則が清洲《きよす》（愛知県）の城主であった時、初めて三千石で仕えました。その時の持ち物は槍一本に鎧兜《よろいかぶと》一領だけで、着替えの衣類も無くただ着のみ着のままで、大酒を飲んでいました。銭が有れば有るに任せて人へも貸し、無ければ無いで空寝《そらね》をしていました。

そのような時に、木曽（長野県）の山奥から清洲へ出て来て、奉公を望む女がありました。だが、その姿が卑しいため、清洲中に召し抱える者がありません。女が仕方なく清洲城外を流浪している、と聞いた大崎長行は、家来に、

「その女を連れて来い」

と言いました。家来どもは、無用、と言いましたが、長行は聞き入れず、女を屋敷へ連れて来たのを見ると、まずもって女とは言われず、また男でもない、と見えるくらいです。

長行が、

「その方は力があるか」

と問うと、黙って台所にある大石臼《うす》を差し上げて、軽々と持ち回りました。長行が下男ども

に申し付け、相撲を取らせると、十四人まで投げました。長行はこれを見て召し抱えることにしました。

公的・私的の区別なく、すべてのことに召し使いましたが、二十一年の間奉公に励み、潔白で正直な勤め方でした。

慶長五（一六〇〇）年、関ヶ原の戦いの功によって、主君福島正則が広島に栄転し、長行も二万石の身分になりました。しかしその十九年後、福島正則が失脚して広島を召し上げられました。それで長行も禄を離れることになりました。長行の家来どもは、長行の家財道具をほとんど乱暴同様に持ち去りましたが、かの女は少しも構わず、長行はもとより気にかけない人です。段々と立ち去り、長行と家来三人、右の女と主従五人になりました。長行はこれを見て、

「二万石の身代も、これだけになったわ」

と、言った時、かの女が庭に出て、築山の自然石のような石を取り除くと、その下には蔵のような穴があって、それを開けると、金子《きんす》五千両、板銀《ばんぎん》（銀を打ち延ばした物）二千五百枚が、それぞれ幾つかの袋に入れてありました。女はそれを取り出して、長行の前へ置きました。長行が見て、

「これはいつの間にため置いたのか」

と問うと、女は、

「当国へお移りの時より、だんだん蓄《たくわ》え置きました。殿様にそのお心懸けがありませんので、何事かある時にはとかく金銀が無くてはかなわずと存じ、殿様に代わって蓄えました」

と言います。長行は大変驚いて、

「金子・板銀のうち、どちらでもその方が取れ」

と言いましたが、女は辞退して取らず、長行も、

「それならば、わしも取らぬ」

と言います。しかし、そう言い合っていても仕方がない、と思って、金子・板銀の両方を混ぜ合わせて、女の方へ一つかみ、手前へ一つかみ、と、段々に取り分けました。

そして、女は長行を見送って後、小舟に乗っていずこともなく立ち去った、ということです。

8 主君を諫《いさ》める

(1) 浅野長政―秀吉の朝鮮政策に苦言

朝鮮の陣が始まって何か月か過ぎたころのことです。豊臣秀吉は名護屋城（佐賀県）に居ましたが、朝鮮での戦さがはかばかしくないのを怒って、諸将を集め、

「朝鮮の戦さが今のようではいつ決着するか分からぬ。今はもう秀吉自ら押し渡るつもりである。三十万の軍勢を三手に分け、前田利家・蒲生氏郷《がもううじさと》に先陣させ、三道より向かって朝鮮を打ち破り、真っすぐに明へ攻め入るつもりだ。日本のことは徳川殿が居られるので心に懸かることは無い。このことを皆はどう思うか」

と、言いました。徳川家康が聞いて、表情を変え、利家・氏郷に向かい、

「日本に大名の多い中から方々《かたがた》が選び出されて一方の大将となること、弓矢取る身の面目、何事かこれに過ぎるものがあろうか。そもそもこの家康、仮にも武士の家に生まれ、戦さを重ねて年老いたとはいえ、人々が遠く戦場に向かう大事な時に、どうして残って安閑と国を守っておられようか。小勢ではござるが家康も軍勢を率いて、必ず一方の先陣を承るつもりである。ご推挙を仰ぎたい」

その時、浅野長政が進み出て、

「ちょっとお待ち下され徳川殿、太閤殿下この年月の御振る舞い、昔のお心とは様子が違って、古ぎつねが入り替わっておりますので、何事を仰せられますやら……」

と、言い終わらぬうちに、秀吉は腰の刀に手を掛け、

「やあ、秀吉の心にきつねが入り替わった由来、しっかと申せ、申し損じたなら、首打ち落としてくれよう」

と、責めかけて言うのに、長政は少しも騒がず、

「長政のような者を何百人首をはねられても、どうして事が治まりましょうか。そもそもこの年ごろ理由の無い戦いを起こして、朝鮮八道は申すまでもなく日本六十余州に、父を討たせ、兄弟を失い、夫に離れ、妻に離れ、子に先立たれ、嘆き悲しむ者天下に満ちあふれて居ります。それに、兵糧の運送、軍勢の徴集がさらに加わり、六十余州残らず荒野となり果てました。今朝鮮へご発向なされたら、日本全国に窃盗《せっとう》蜂起し安住の地はありますまい。

　徳川殿がどのように思われようとも、どうして殿下の去られたお跡を守ることが出来ましょうか。徳川殿もこれらのことを思われてこそ、先陣を望まれたのでありましょう。殿下が昔のお心であったなら、これほどのことをお気付きなされぬ道理はありません。このようにお心の変わられたこと、これはただ事ならず、確かに古ぎつねが入り替わったのです。田舎の人のことわざに、〝人を捕ろうとするスッポンは、必ず人に捕られる〟とあるのは、このことでございます」

と、何の遠慮もなく言い放ちました。

秀吉は聞いて、

「スッポンにもせよ、きつねにもせよ、己の主に向って雑言《ぞうごん》を吐くこと、不届き至極である」

と言いながら、すでに飛び掛かろうとするところを、前田利家と蒲生氏郷の二人が中に入り、秀吉と長政を押し隔て、居合わせた者が秀吉の前に集まりました。人々が、

「長政の首をはねられるのに、御自身お手を掛けられるまでもございません」

「弾正《だんじょう》！　そこを退出されよ」（長政の官名は弾正少弼《しょうひつ》でした）

と、長政を叱りました。長政は素知らぬ振りをして、人々に会釈して静かに座を立ち、自分の陣に帰りました。秀吉からの使いを待って腹を切るつもりをしていましたが、重ねての沙汰はありませんでした。


参考までに豊臣秀吉と浅野長政との関係に付いて記すると、秀吉の妻ねねと、長政の妻おこいは姉妹で、ねねが姉でおこいが妹でした。秀吉と長政は相婿《あいむこ》であったわけです。

(2)　鈴木久三郎―家康の鯉《こい》を食う

徳川家康が岡崎城（愛知県）に居た時のことです。勅使や上使などが来た時の接待用に、長さ九十センチほどの鯉を三匹生けすに飼っていました。家康の家臣で鈴木久三郎という者が、ある日その一匹を捕り上げ台所で料理させ、その上、織田信長から家康に進上された、南部諸《もろ》白《はく》という極上の酒一樽《たる》の封を切らせて、大いに飲み食い、人にも振る舞いました。

それから間もなくのこと、家康が生けすを見ると、三匹の鯉のうち一匹がいません。生けす

を預かっている坊主を呼んで尋ねると、鈴木久三郎が捕り上げて料理させ、自分も食し人々にも振る舞っていた、と言います。

家康は、もっての外に腹を立て、台所方にも尋ねるのにいよいよ相違ないので、ますます機嫌を損じ、家康自身手討ちにすると言って、薙刀《なぎなた》のさやを払って広縁に立ち、久三郎を呼びました。

久三郎は覚悟の前です。少しもひるむ気色は無く、

「かしこまりました」

と、路地口より出て来ました。その間が三十メートル程もあるのに、家康が、

「鈴木、不届き者め！　成敗するぞ」

と声を掛けると、久三郎は、自分の刀、脇差しを十メートルも後ろへ投げ捨てて、大の目に角を立てて言うには、

「そもそも、魚や鳥に人間を代えるということがござろうや。そのお心では、天下の望みは成し遂げられますまい。我らのことはよいように成されよ」

と、上半身裸になり、側へ近寄ります。その時家康は、薙刀を捨てて奥へ入り、よくよく彼の心中を考えると、先のころ、家来のうち一人は狩猟禁止の場所で鳥を捕り、一人は堀で網を打ったことがあります。家康はこの両人を押し込めて置いたのですが、それを言うためにわざと鯉を捕って料理したに違いない、と思い当たりました。

家康はすぐに、押し込めて置いた二人を許すように手配し、久三郎を呼んで、

「その方の志、満足致した」

聞いて、久三郎は涙を流し、

「さてさて有難い上意、太平の世であればひそかに申し上げることでありますが、今乱世なのでこのような仕方で申し上げました。乱世には私のような下々の侍も、少しでも勇気あるが御ためと心得ましたので、右のように言上致しました。決して私の威を振るうためにしたことではございません」

と、申し上げました。

鈴木久三郎は、命を捨てる覚悟で主君家康を諫《いさ》めたのです。

(3) 本多作左衛門―家康のやり方を批判

本多作左衛門が、ある時、徳川領内の見回りに出ました。岡崎と池鯉鮒《ちりう》（知立）（共に愛知県）の間に瓜畑が広がっているのを見て、

「この瓜畑はよく作っている。百姓の名は何と言うぞ」

と尋ねると、瓜番の者が出て、

「これは殿様のお瓜で、お中間《ちゅうげん》どもが番を致しております」

と言う。作左衛門は、

「さてもさても興冷めたことかな。三か国を領する殿様が瓜作りに成られたか。お前たちよく聞け、侍というものは知行を取り、これで必要な物を調《とと》える。百姓の致すことを、武士がするべきものではない。退《の》け退け！」

と言うなり、馬を瓜畑へ乗り入れ、四方八方駆け回ったので、瓜は残らず踏みつぶされ、つ

るは皆切れました。

これを見て、番をしていた中間が驚いて急いで岡崎へ行き、家康に詳しく報告しました。家康は笑って、

「作左衛門がそのように致したか、仕様もないものよ」

と、言っただけでした。

家康が駿府（静岡市）から浜松へ帰陣する途中、安倍《あべ》川の川原に人を煮る釜があるのを見て、その地の奉行に釜を浜松へ持参するように命じました。

作左衛門が後から来て、釜を見て事情を聞き、人夫に言い付けて、その釜を粉々に打ち砕かせて捨てさせました。青くなって見ていた奉行に、作左衛門は、

「浜松へ参上したらこう申し上げよ。『天下を望む志を持っているお方が、人に、釜で煮殺さねばならぬほどの罪を犯させる、そんな仕置き（政治）をするようではどうなさる。作左衛門がそう申して、釜を打ち砕いた』と、詳しく申し上げよ。一言も言い残してはならぬ」

奉行は家康に有りのままを申し上げました。

家康は聞いて深く恥じ入り、作左衛門を呼び出して、その諫言《かんげん》を深く謝しました。

右のような場面は、諫言をする者の勇気と、その諫言を受ける者の寛大な度量がなければ成り立ちません。作左衛門と家康の間には、そのような良好な君臣関係が自然に生まれていたのです。

(4) 本多作左衛門―秀吉の前で悪態をつく

豊臣秀吉が、北条征伐のために東海道を東へ下った時のことです。途中で秀吉は家康の岡崎城に入りました。当時岡崎城を預かっていたのは本多作左衛門でしたが、作左衛門は秀吉を迎えに出ることもなく、対面しようともしませんでした。秀吉が作左衛門の所へ使いをやって三度まで呼びましたが、作左衛門は、

「関白に見参《けんざん》しても申すことは無い」

と言って、ついに応じませんでした。「おれは家康の家来で、関白の家来ではない」と思っているのでしょう。

秀吉は岡崎からさらに東へ進み、同じく家康の領分である駿府城に入りました。家康は城の大広間で秀吉と対面しました。そのとき作左衛門が入って来て、家康の後ろに立ちはだかり、秀吉の直臣が大勢居並んでいる前で、声も荒らかに主君に怒鳴り散らしました。

「殿！　殿はまあ何と不思議なお振る舞いをなさることでござるか。国持ちともあろうお方がわが住む城を明け渡して、片時と言えども人に貸すという法があろうか。そんな調子では、人が貸せと言えばきっと奥方までお貸しになることでござろうよの」

作左衛門は、さんざん悪態をついて帰って行きました。

家康は周りの人たちに静かに言いました。

「各々方もあの老人の言葉、お聞き及びでござろう。あれは本多作左衛門と申す譜代の家人《けにん》で、家康が幼少の時から仕えている者でござる。弓矢・打ち物（刀・槍）を取っては人に知られた者

でござるが、ご覧の通りすっかり年寄りになってしまい、この家康も気の毒に思っているところでござる。何しろ天性のわがままで、人を虫けらとも思わず、人前でも主人にこんな風に恥をかかせて平気でいる性でござる。人前でもこうなのだから、主従二人だけの時をご想像頂きたい。普段はともかく、今日は本当に恥じ入った次第でござる」

周りの人々はかえって、「音に聞く本多殿とはあの人か、あのようなご家人をお持ちとはうらやましい」と、好意を表わしました。

恥じ入ったと言っている、家康の心の内はどうでしょうか。実は、得々として、この強情無礼な家臣を自慢しているようにも見えます。自分が言えないことを、主に代わってズケズケと代弁してくれるこの一徹者の老臣を、頼もしくかわいくて仕様がない、と思っている風にも見えます。この老臣をとがめ立てするようなことがあったら、この家康、そのままには差し置きませぬぞ、と、言っているようにも見えたのです。

(5) 毛利但馬《たじま》―黒田長政に苦言

黒田長政は、関ヶ原の功により、筑前の国（福岡県）五十二万国の領主となりました。長政は家臣に対してはいかにも優しく物を言いましたが、家臣どもは長政に向かって、率直に諫言《かんげん》したり意見を述べたりしました。

長政がある年、江戸から帰国して、江戸表の勤めも無事に済み帰国した祝いにと、家老・中老そのほか重立った者を呼んで料理を振る舞いました。

料理が済んで、長政が言うには、

「江戸に居るうちに観世宗雪《かんぜそうせつ》に謡《うたい》を習ったが、宗雪もわしの謡が上手だと殊の外褒めるので、謡うて聞かせよう」

と、曲《くせ》（一曲の中心的な部分）を一番謡いました。その場に居合わせた者は皆それを褒めました。

その中で毛利但馬は一人涙を浮かべ、脇を向いて何も言いません。長政がいぶかしく思って、

「但馬はどうしてそのようにしているのか」

と尋ねると、但馬は、

「やがて乞食《こじき》か鉢たたき（鉦《かね》をたたき念仏を唱えて物乞《ものご》いをする人）の仲間になるのが悲しくて、このような有様でございます」

長政は驚いて、

「それはまた、どうしてそのようなことに成るのか」

と、但馬の言っていることが理解できない様子です。但馬は答えて、

「君は愚かで、臣はご機嫌を取っておりますれば、当家のご滅亡は程遠くありません。そうなりますれば、我々なども浪人となり、ついには乞食か鉢たたきの身に成るのか、と思うと涙も出て来ます。

よくよくお考え下さい。観世宗雪が上手と言って褒められたのを、誠とお思いなさるのは、甚《はなは》だ愚かなお心でございます。殿は大名ですから、殿の機嫌を取ってお世辞を言い、物を多くもらって徳をしようとして申すことを、誠と思し召されるのは、お心が暗いからでございます。このようなことを、この座に居ります者どもがご存じないはずはありません。そうしますと、

苦々しいことと考えご意見致すべき者どもが、かえって追従《ついしょう》して、面白いことである、承りたい、などと言って殿をたぶらかしますのを、お弁《わきま》えも無くお喜びのご様子。このことから殿のお心が暗いこと、臣らがへつらっていること、をご理解なされませ。

つくづく考えますのに、この座に居ります者どもは、職隆《もとたか》様（長政の祖父）・孝高《よしたか》様（長政の父）より殿の御代までの間、一角《ひとかど》の働きを致し、身命を捨ててご用に立った者どもでございますので、これまでのことに心残りは無いと存じます。

しかし、今天下奉平で、各々も殿のご恩によって暮らし向きも良くなりましたので、それを壊すまいと身構えるようになったのか、そうでなければ、殿が軽薄をよしと思し召すご心中を知って、とにもかくにも殿のお心にかない、わが身の一生を安楽に送りたいという欲が起こって、本心を失い、軽薄に振る舞うと見えます。このようなことで、どうしてお家長久致しましょうや」

と、思うままに申し上げました。

長政は黙って聞いていましたが、つと立って奥へ入りました。

一座の者は皆興ざめです。栗山利安《としやす》・井上周防《すおう》らが但馬に向かって、

「その方の諌めは一理あるけれども、今日に限って申し上げなければならぬ、ということでもない。今日はお祝いということで、皆の者を呼んで祝われる席で、忠義とは申せ、一座の興を冷ますは、甚だ野暮《やぼ》である」

と、内々で但馬へ意見しました。

しばらくして、長政が奥から刀を提《さ》げて出て来て、但馬の前へ歩み寄りました。人々はこれ

を見て、長政は日ごろは随分《ずいぶん》慎んで、物柔らかなようであるが、元来は勇猛な人なので、怒って手討ちにするのではないか、と、皆手に汗を握って長政に目を凝らしました。

しかし長政は、但馬の前に座ってハラハラと涙を流し、

「その方の意見、もっとも至極である。その方の意見とは思わず、如水《じょすい》（長政の父孝高《よしたか》）が御再生なされて仰せられた、と思えばいっそう喜びは大きい。その方どもがそのままにして置かず、我らに過ちを言い聞かせてくれればこそ、政治の仕方にも落ち度少なく、国（筑前の国）も安泰で長く続くのである。これを遣わし申す故、今一つ酒を給われ」

と言って、側に置いた刀を取って但馬に与えました。

9 主君へ不満

(1) 加藤清正―加増の仕方に不満

加藤清正は、幼名を虎之助と言いました。虎之助が十二歳の時、虎之助の母は秀吉の母（後の大政所《おおまんどころ》）を頼って、虎之助の将来を頼みに行きました。はっきりしたことは分かっていませんが、虎之助の母と秀吉の母がいとこ同士で、秀吉と虎之助は又いとこであったと言われています。いずれにしても何らかの縁続きであったことは確かです。

清正が二十二歳の時、秀吉と柴田勝家の間で、織田信長の後継者を争う決戦が行われました。その時清正は、賤ヶ岳の戦いで、柴田方の剛の者戸波隼人《となみはやと》を討ち取り、手柄を立てました。

秀吉は柴田勝家に勝利すると兵を収めて帰り、坂本城（滋賀県）で論功行賞を行いました。賤ヶ岳の七本槍と称される若者のうち、六人は一律に三千石を与えられましたが、福島正則だけは五千石でした。秀吉と正則はいとこ同士であったと言われていますが、これもはっきりしたことは分かりません。清正よりは正則の方が秀吉と縁が近かったようです。縁の近い者を優遇するのは、武家社会の慣《なら》わしでした。

清正は、正則が五千石を与えられたことを知らず、同じ三千石だと思っていました。二、三日たって、清正と正則が酒を飲んでいた時、そのことが清正に分かりました。

清正は杯を置いて、

「するとこの前、おぬしは五千石頂いたのか」

「そうじゃ、五千石じゃ、おれは殿様の血続きじゃ、多分そのためであろう」

清正は物も言わずに、立ち上がって出て行きました。正則が呼び止めましたが、返事もせず宿舎へ急ぎ帰り、三千石の朱印状を取り出すと、秀吉の本殿へ向かいました。

秀吉の居間の隣室には、家老役の杉原長房と二、三人が詰めていました。清正はそこに座ると、持って来た朱印状を杉原に突き出して言いました。

「この前いただいた朱印状でござる。気に入り申さぬによってお返し申す。殿様にお返し下されよ。受け取りなされよ！」

清正の烈しい声は、部屋中に響き渡りました。

杉原は驚いて清正に言いました。

「そなた、妙なことを言うの。気に入らぬ故と言ったが、何が気に入らぬのだ。三千石じゃぞ、そなた戸波隼人を討ち取ったのを、それ以上の手柄と思うておるのか」

「手柄に対するご褒美なら、三千石でも過ぎていると存じます。有難いとこそ思え、不服などはさらにござらぬ。しかし、市松《いちまつ》（福島正則）には五千石賜わってござる。市松が申すには、この二千石は、おれが殿様の血続きであるためであろう、と言います。我らも左様であろうと思います。こんどの槍で、市松と我らとは少しも優劣は無いのでござる故。しかしながら、市松がご一家なら、我らもお瓜の端でござる。なぜに差別を付けなさるのでござるか。それが気に入り申さぬにより、このお墨付きはお返し申す」

清正は、禄高に不満を言っているのではなく、福島正則に差を付けられたことへの不満を言っているのでした。

清正の大きな声は、秀吉の居間まで響きました。秀吉は笑いながら怒鳴りました。

「虎（清正）は大体あほなやつじゃ、しばらく杉原が預かって置け。やがて市松と同じにしてやる」

数日の後、清正は二千石の加増を受けて、正則と同じになりました。

清正の心の底にはこの時、別の思いが芽生えていました。少しでも禄高が上がって家来を多く抱え、戦さに臨んで秀吉の役に立ちたい、という願いです。その願いが、福島正則に負けたくないという思いにつながったのです。

(2) 井伊直政—増地が少ないのに不満

関ヶ原の戦いが終わって、徳川家康は手柄のあった人々に賞を与えました。井伊直政と本多忠勝は、拝領の増地が少ないのを不満に思って、増地の折り紙（所領目録）を家康に差し戻しました。家康の前を下がって直政は、心の中にわだかまっている不平不満を、だれにともなく訴えました。

永井直勝《なおかつ》がそれを聞いて、直政に、

「井伊殿に意見を申したい。徳川家で一、二と言われるお身が、そのように禄をむさぼり給うこと、誠に心得難い。ご加増の折り紙を拝領されることが適当と存ずる」

直政は聞き終わらぬうちに、

「その方などの知ったことではない。それ程の功績も無く、一通り味方した大名共に大国・大領地を給わり、我々は三河（徳川の本拠地）以来、粉骨砕身したかいも無い。無益な奉公をしたことを、恨まずに居られるか」

直勝は重ねて、

「井伊殿の仰せとも思えぬものかな。貴殿や我らのような徳川家譜代の仲間は、どのように召し使われようと何もお恨み申し上げることはない。他の主君の禄を受けて一家を立てていた人々の加勢が無かったら、この度の合戦は、お旗本の人数だけでは、例え鬼神のような働きをしても、勝利することは覚束なかったであろう。

国々の大名は、貴殿や我らのような内輪の者とは大いに違う。殊にその大名が、多くの人数を徳川に預けられたからは、ご恩が浅いとは言えないであろう。貴殿がいかに剛勇であっても、人数が無ければ何程の働きが出来ようか。一個人の働きは、将の働きとは言えないであろう」

直政は聞いていよいよ腹を立て、

「永井などの程度の兵員では……」

などと、直勝を見下した言葉を吐いたので、直勝も、

「我らにも、貴殿ほどの人数を預かったなら、どうして劣ることがあろうか、小身である故に、働きも思うようにならぬのである。貴殿がそれほど理に暗いとは存じなかった。以後は絶交致す」

と、言い残して立ち去りました。

その後直政は、つくづくと直勝の言った道理を考え、直勝の言葉に感服して、たちまち自分の非を悔い、功に誇るは義を重んずる者のすることではない、主君より給わる領地を捨てて取らないのは、恐れ多いことである、と考え直し、本多忠勝にもそのことを話し、両人で家康の前へ出て、

「最前、不足を申し上げたところの領地を拝領仕りたい」

と申すと、家康は、

「当然である、良い了見である」

と言って、叱ることもなく、折り紙を渡されました。

直政はまた、永井に対し、あの時の言い方は面目ないことなので、降参しようと思い、すぐに直勝の屋敷に向かいました。文淋《ぶんりん》という茶入れを供の者に持たせ、直勝にあいさつした後、

「この茶入れは、貴殿もご存じのように、わが家第一の秘蔵と存ずる物ながら、この度の厚情、謝する言葉もござらぬ。せめての心持ちに」

と言って差し出しました。直勝もその志に感じ、

「以後も相変わらずご親交をとこそ存ずれども、この茶入れについては天下の宝器であるので、たやすくお受け出来る物ではござらぬ」

と、固く辞退しましたが、

「ほんの少し心底を見せ申すまで」

と、直政がひたすらに言うので、直勝もついに受け取りました。二人は友情を取り戻したのです。

10 殉死

(1) 稲葉一鉄―命を助けた下人《げにん》

稲葉一鉄の下人が罪を犯したので、死罪にしようとしました。その時下人が、声を上げて泣いたので、一鉄が、

「命が惜しいか」

と問うと、下人は、

「いやいや、命を惜しんで泣くのではない。命があれば一太刀恨みを晴らすのに、このまま果てるのが口惜しくて泣くのだ」

人々が聞いて、

「憎い奴《やつ》かな、早々斬り捨てよ」

と騒ぐのを、一鉄が、

「それを助けよ」

と、縄を解かせ、

「どうでもして、わしに一太刀打てよ」

と言って追放しました。下人は、「かたじけない」と、何回も礼を言って立ち去りました。そののち年を経て、一鉄の病気が重くなって床に伏せた時、かの下人が来て世話をしましたが、「一太刀恨みを晴らす願いがかなえられない」と言って、また泣きました。

やがて、一鉄が死んで葬った後、かの下人は墓に参って、

「自分が今まで生き長らえたのは、君に一太刀恨みを晴らし申す、と言ったためである。君が亡くなられたのに、自分が生きていては、死罪にされようとした時泣いたのは、命が惜しくて泣いたのだ、と、人に言われること、誠に恥ずかしいことだ」

と墓の前で腹かき切って果てました。かつて自分が言った一言はそれ程重かったのです。

下人の死は、命を助けてくれた旧主君への殉死と考えられます。

(2) 殉死の辞世―ある下人《げにん》の歌

徳川家康の家臣本多平八郎忠勝が死んだ時、忠勝の家来大谷三平が殉死しました。三平の下人がまた、三平のために殉死しました。

次の歌は、その下人が詠《よ》んだ辞世です。

〃死にともな　ああ死にともな　さりとては　君の情けの　今は恨めし〃

（解釈　死にたくない、ああ死にたくない、それにしても、主が情けを懸けてくれたことが、今となっては恨めしい。主の情けが無かったら、自分は死ななくてよいものを）

私（筆者）は、この辞世の歌に行き当たった時、完全に参った、と思いました。人の心を包んでいる殻のすべてを脱ぎ去った、本心・本能の叫びを聞いた気がしたのです。

殉死した人の中には、その時代の慣習と、主君への義理から、この辞世を詠んだ下人のように、止むを得ず死んでいった者もあったのです。

(3) 池田利隆《としたか》―殉死を止める

姫路城主池田輝政が死去した時のことです。伴玄札《ばんげんさつ》は輝政に特別にかわいがられた家臣でしたので、必ず殉死するであろう、と、人の言っているのを輝政の後継者利隆が聞いて、近習に、

「玄札をよく気を付けよ」

と、命じました。

輝政の遺体が棺に納められた日、玄札が次の間のふすまを開けて入りすぐ閉めたので、利隆の近習が怪しんで行って見ると、玄札ははや脇差しを腹に突き立てていました。近習数人が玄札を抱き起こし、皆で押し留めて置いて利隆に報告しました。利隆は急いでその場へ来て、

「玄札、いかが致した」

と、声をかけました。玄札は、

「御恩を深く被りましたので、お供を仕る志でありましたのに、見付けられたのは口惜しいことでございます。お許しを得て、快く死出の道に赴きたいと存じます」

と言うのを、利隆が聞いて、

「そうするのが本当であろう。けれども、予《よ》が侍の主《しゅ》には成り難いと見捨てて先代の供をした

ならば、人が思うには、『玄札は先の殿の志をも知り、特別にかわいがられたので、よくよく今の世継ぎは劣り果てた故、あきらめて先代の供をしたのであろう』と、言うようになれば、今までの侍は、一人も予に心服する者はいないであろう。

予は人々に見放された独夫《どくふ》と成ること目前である。予を独夫にしてそれを忠とも義とも思うのであれば、早く死んでお供申せ。無理に押し留めることはしない。予はその方が死ぬことによって、侍の主に成ることは出来ぬであろう。ただ急ぎ死ねよ」

と、利隆は心情を込めて言いました。

玄札は、聞いて涙を流し、

「存じがけもない仰せを承り、誠に進退窮まりました」

と、どうしてよいか分からず、困り果てた様子です。

「早く死んで予を独夫にして、先代への奉公とせよ」

と、利隆は再三言うので、玄札は言葉も無くしばらく考えていましたが、やがて、

「仰せの趣意承《うけたまわ》りました。侍と言われるほどの者が、刀を腹に突き立てながら、今さら中止すべきではありませんが、ただ今のお言葉によって、恥を忍んで人に後ろ指を指されましても生き長らえまする」

聞いて利隆は大変喜び、

「さては予は侍の主に成ることが出来た。その方の忠義、他に比べるものが無い。よくいたわるように」

と言って、利隆は奥へ入りました。

利隆は殉死の禁令は出さず、もっぱら情理に訴えて殉死を止めさせました。まことに機知に富んだ見事な方法です。このような説得の仕方もあったのか、と、驚かされ感心させられます。

（参考　殉死の風習）

殉死は、主人が死んだ時家臣が後を追って自殺し、死後も主人に仕える、という意味を持っていました。この風習は古代から存在し、江戸時代泰平の世になってもその遺風が続いていました。寛文三（一六六三）年、江戸幕府は武家緒法度を改定し、その中で殉死禁止を定めたので、殉死の風習は絶えたのです。

11 人を目利きする

人を目利きするとは、人を価値判断することです。その人が有能か無能か、また、有益か有害か、などに付いて見極めることです。特に人の上に立つ者には、人を目利きする能力、人を見る目が要求されます。

(1) 高坂昌信《こうさかまさのぶ》―犬神使いを斬る

高坂昌信は武田信玄の家臣で侍大将をつとめました。昌信に幼い女の子がいました。ある日のこと、その女の子が外で遊んでいた時、にわかに発病し、気が狂ったような状態になりました。すぐに医者の治療を受けましたが、全く効能はありません。昌信が発病のもとを聞きただすと、山伏が通ったのを見た時から病気になったと言います。それで、その山伏を呼んで祈ってもらうと、たちまち病気は治りました。昌信は山伏にお礼の贈り物をして帰しました。その後病気が再発したので、またその山伏を呼んで祈ってもらうと、すぐに治りました。

このようにすること三度に及びました。昌信は、この山伏が犬神を使うということを聞いて、一日その山伏を呼んで料理を振る舞い、全快の謝礼である、と言って金子百両を与えました。山伏は大変喜んで金子を頂き、心が金子に移ったところを、ただ一刀で首をはねました。

その後、病気の再発は無かったということです。

(2)　織田信長―偽善僧を成敗する

織田信長が安土城へ移って間もないころのことです。諸国を回って歩く僧に無辺《むへん》という者がいました。無辺は、

「我は生まれた所も無く、父母も無く、一つ所に住み付くことも無い。我には不思議の秘法が有り、これを伝授された者は、現世では無数の病気や災難を逃れ、来世では量り知れない程の罪も消える」

と、言い触らしていました。

それで、あちこちの人々も甚だ信仰して、銭や米の捧げ物でその場が一杯になりましたが、それには目もくれず捨て置き、一村一郷に一日二日ずつ滞在し、夕方来ては朝に立ち去るという風でした。

ある時、安土に来たということを信長が聞いて、

「急いで呼べ」

と言って、無辺を呼びました。

無辺が来たとき信長は馬屋へ行く途中でしたが、立ったまま、

「無辺とはやつのことか」

と言って、にらみ付け、

「客僧のうまれた国は？」

と問うと、

「無辺」

と答えました。

「無辺というところは、唐土（中国）の内か、天竺《てんじく》（インド）の内か」

「天でもなく地でもなく、また空でもない」

「天地の外に、どのような身を置く所があるか」

無辺は答えに詰まって返事をしません。信長は、無辺の言動が偽りであることを突きとめました。

「この世のすべての生き物は、天地を離れることは無い。さてはお前は化け物か、それでは試してやろう」

信長が家来に命じて、馬の灸《きゅう》に使用する鉄を焼いて、無辺の顔に当てようとすると、

「これは、出羽《でわ》の羽黒山《はぐろさん》（山形県）の者です」

と、身震いしながら言いました。当時の羽黒山は、山伏の根拠地の一つでした。

信長は、

「このごろそちは、弘法大師の生まれ変わりと称して、奇跡を多く見せたと聞く。信長にも奇跡を見せよ」

と、責め立てると、一言も返答しません。

ここでも無辺の言動は偽りであることが知れました。

「このような偽善僧を、勝手気ままに歩き回らせては、人々がみだりに神仏を祈り、筋違いの

幸せを祈願するであろう。これは世の中の損失である。ただ信長の手に掛かって、その後神通力をもって再生して見せよ」

と言って、その場で斬り捨てました。

無辺は世間の人々を欺くことは出来ましたが、信長を欺くことは出来ませんでした。信長は偽りの正体を見抜いたのです。

無辺のように、自分を特別な能力の持ち主と宣伝して、世間の人を欺く者は現在も絶えません。

(3)　北条氏康―子氏政を目利きする

北条氏康の前で、その子氏政が食事を共にした時のことです。氏康が目に涙をためて、

「北条の家は、われ一代で終わるだろう」

と、言いました。

それを聞いて、氏政はもちろん、その場に居合わせた者一同、興冷めの雰囲気になりました。

氏康は続けて、

「今、氏政が食事をするのを見ていると、一杯の飯に汁を二度かけて食した。およそ人は皆、一日に二度ずつは食事をするので（当時は一般に一日二食でした）、食事の仕方は日常自然に習い覚えているはずである。一杯の飯にかける汁の見積もりも出来ず、途中で重ねてかけるとは愚かである。

朝夕行う事柄さえ見積もることが出来ぬ者が、人の心を見積もり、人を目利きすることは不可能であろう。人を目利きすることが出来なければ、良い侍を持てず、良い侍を持たなければ、敵の侵入を許すことになる。今は戦国の世、わしが明日にでも死ぬならば、名将が隣国より乱入して、氏政を滅ぼすこと疑いないであろう。さてこそ、北条の家はわれ一代で終わると言ったのだ」

氏康は、何気ない日常生活の中に、その人の人物像が表現されていると見たのです。

(4) 可児《かに》才蔵―兵法者《ひょうほうしゃ》を目利きする

福島正則のところへ、戦略の心得があるという兵法者が来て、正則に奉公することを望みました。丁度《ちょうど》食事の時分でしたので、可児才蔵が相伴して食事を共にしました。才蔵はその兵法者の飯を食う様子を見て、やがて見限り、正則に、召し抱えることは適当でない、と進言しました。

正則がその訳を問うと、才蔵は、

「左様でございます。私が相伴して食事をした時に見限りました。人は幼少の時より箸《はし》を取って、一日に三度は食せずとも、二度食せぬ日はありません。あの者は一杯の飯に汁を二度かけて食しました。これ程見計らいの無い男が、両陣数万の兵のことをどうして計らうことが出来ましょうか」

聞いて、正則も深く合点し、兵法者の奉公を断りました。

(5)　豊臣秀吉—石田三成を召し出す

豊臣秀吉が長浜城（滋賀県）に居たころのことです。ある日秀吉は、長浜の東にある伊吹山《いぶきやま》のふもとで鷹狩りをして、その帰り道、ひと休みしようと観音寺へ立ち寄りました。丁度のどが渇いていたので、茶を所望しました。それで、寺の小僧を勤めていた石田佐吉《さきち》（後の三成）が、大きな茶碗に七、八分目、ぬる目の茶をたてて持参し、秀吉に差し出しました。秀吉は一気に飲み干し、

「うまい！　今一服」

それで、佐吉はまた茶をたてて持参しました。前よりは少し熱くして、茶碗に半分ほど入れて持って来ました。秀吉はこの小僧の心遣いに感じ、試しに、

「もう一服」

と、注文しました。

佐吉は今度は、小さな茶碗に少量を熱くたてて持って来ました。

秀吉は、佐吉の機転の利くのに感心し、寺の住職に請い、佐吉をもらい受けて連れて帰りました。そして近習として召し使うことにしました。佐吉十五歳の時のことです。

(6)　土屋検校《けんぎょう》—信玄・謙信と秀吉の違い

土屋検校はある時、次のような話をしました。

「甲州（山梨県）の者が言うには、『武田信玄公が長生きしたなら、きっと天下を取られたで

あろう』と。その時は我らもそのように思ったが、今思うとそうではない。その訳は、佐野了《りょう》伯《はく》の言い分を聞いたからである。

佐野了伯は下野《しもつけ》（栃木県）の人で、剣術・槍術に優れ、一時髪をそって天徳寺了伯と号し、諸国を回って修行した後、秀吉に仕えた。了伯が語ったところによると、武田信玄と上杉謙信に目見えした時、両人共に威厳のあるあいさつであった。天徳寺は顔を上げて対面しようとしたが、その威厳に押されて、ついに顔を上げることが出来なかった。その後、豊臣秀吉に目見えした時、取次ぎの者が秀吉に紹介すると、すぐに、

『天徳寺、参られたか』

と、声をかけて傍《かたわ》らへ寄り、

『さても久しく会わなかったが、ようこそ参られた』

と言いながら膝《ひざ》をたたき、殊の外親密なもてなしであった。それ故、しみじみ秀吉を大切に思うようになった、というのである。

このことから考えると、秀吉は、人を容れる大きな心を持っていたからこそ、人も協力し、天下も自然に支配するようになったのであろう。そこが信玄・謙信には無いところである」

と、土屋検校は語ったということです。

(7) 蒲生氏郷《がもううじさと》―弁才の知者を退ける

玉川左右馬《そうま》という者は、弁才があり学問知識にも優れている、と、世間に評判されていました。ある人がこの者を蒲生氏郷に推薦しました。氏郷は大変喜んで左右馬を迎え、大事な客と

して待遇しました。

左右馬は氏郷に会って種々の物語をしました。氏郷は十日程続けて夜話《よばなし》に迎えましたが、その後、理由もなく、金を与えて送り返しました。

このことを知って推薦した者は大変失望し、家老たちもまた納得が行きませんでした。その後夜話の時、家老たちが氏郷に、

「玉川は才知のある者ですので、行く行くはご登用あって、はかりごとを相談する臣下にでもなされるか、と存じて居りましたが、思いの外お暇を給わりました。何ぞお考えが有ってのことでしょうか。このようなことはいつもお聞かせくださるのに、玉川のことに付いてはご一言も無いのは、甚だもっていぶかしく存じます」

と、言いました。氏郷は、

「その方らが不審に思うことはもっともである。そもそも世の知者と言われる者は、見かけを重々しく構え、言葉を巧みにし、才能学問を振りかざして、人の目をたぶらかす者に過ぎない。今の世の中は人々が文字に暗いので、人を見定めることが出来ず、このような者を知者と思っている。真の知者はこのような者ではない。

わしが玉川を見るに、今世に言うところの知者で、真の知者ではない。なぜかと言うと、初めてわしに会った時大いにわしを褒め、次にわし以外の諸将を大いにそしり、わしを機嫌よくしようとした。また、自分が素晴らしい者であると思わせようと、交友の善行を数え挙げて語った。このような者は、知者であっても遠ざけなければならぬ。それで暇を遣わしたのだ」

と、説明しました。氏郷は、その者が、本物の知者であるか偽者であるかを目利きしたので

す。

後に玉川は、ある武家に仕えましたが、才知があるので、一時は家中の者も名士を得たと喜びましたが、年月が経つにつれて、老臣を退け律儀な者をねたみ、自分の威を振るったので、家中の者が皆疎《うと》んずるようになり、家も衰えました。その時になって主人も過《あやま》ちに気付き、玉川を追放しました。

蒲生家ではこのことを伝えて聞いて、氏郷の明察について、改めて評判したということです。

(8) 徳川家康―平塚越中守を助命する

平塚越中守は、豊臣秀吉に仕えた平塚因幡《いなば》守の弟で、大剛《だいごう》の武士でありました。かつて浪人していた時、徳川家康が召し抱えようと人を遣わして招きましたが、越中守は、

「内府（家康）はけちな人で、「言葉が丁寧なだけで、知行を惜しんでよく取り立てない」

と言って、家康の招きを断りました。そして、石田三成に仕えて奉行となりました。

関ヶ原の戦いで石田方が敗れたので、徳川方が越中守を生け捕り、家康の前へ引いて来ました。家康が見て、

「わしを嫌い三成に仕え、ただ今の体《てい》、さてもさても見事である」

と、さんざんに冷やかしました。越中守は目に角を立て、

「侍が戦場に臨んで生け捕りになることは古今珍しいことではない。そのように言われる人こそ、幼少の時に今川の人質となり、今川へ行く途中で、戸田康光《やすみつ》に生け捕られて織田方へ引き

渡され、尾張の万松寺天守坊に三年も押し込められる憂き目を見たのに、今は自分のことを棚に上げて、人の身の上をとやかく非難するとは片腹痛い。その上、たびたび起請文《きしょうもん》を書きながら、太閤の御遺言に背き、秀頼公をないがしろにした。これこそ武士の恥と申すべきである。我らはそのような人を主人にはしない。早々首をはねられよ」

と、口を極めて家康を非難しました。

家康は聞いて大いに怒り、

「さてさて憎いやつかな、今首をはねてはただひと思いである。生かして置いて永く苦労させよ。縄を解いて追い払え」

と、追放しました。

その後、家臣の本多八弥が、

「越中守をお憎みの上、御前にて悪口を吐いたので、多分ご成敗なさると存じて居りましたところ、お助けなされたのはどうしてでしょうか」

と、尋ねました。家康は、

「平塚は無類の剛の者、殊に道理に明るく弁が立つ武士である。それで、生かして置いて、わが子秀忠かだれかに仕えさせてよいと考え、命を助けておいたのだ」

と答えました。

家康は越中守と口論しながらも、心の中では冷静に越中守を目利きしていたのです。

12 人と付き合う

(1) 武田信玄―天沢《てんたく》に信長のことを聞く

織田信長がまだ清洲城《きよす》（愛知県）に居た若いころのことです。信長の領内に天沢という天台宗の僧が居ました。一切経《いっさいきょう》（仏教の重要な経典をまとめたもの）を、二度繰り返して読んだという僧です。天沢がある時、関東へ旅をすることになり、その途中の甲斐《かい》の国（山梨県）で、土地の役人から、

「武田信玄公にあいさつして行くがよい」

と言われ、信玄を訪れました。

以下は、信玄の居間で行われた、信玄と天沢の一問一答です。

「どこの国の生まれか」

「尾張の国でございます」

「住んでいる所は」

「信長様の居城清洲より五十町（約五・五キロ）東、春日原《かすがはら》の外れ、味鋺《あじま》という村の、天永寺と申す寺に居住しております」

「信長公の日ごろの様子を有りのまま、残らず話されよ」

「信長公は毎朝馬に乗られます。鉄砲のけいこをなさいますが、鉄砲の師匠は橋本一巴《いっぱ》でございます。また市川大介《だいすけ》をお召しになり、弓のけいこもなさいます。ふだん平田三位《ひらたさんみ》という者を側近く置いておられますが、これは兵法《ひょうほう》（刀や槍のけいこ）でございます。そのほか、たびたびお鷹狩りにお出ましです」

「それ以外、信長公に何か趣味はあるか」

「舞と小唄《こうた》が趣味でございます」

「幸若舞の師匠が教えに来ているのか」

「清洲の町人で友閑《ゆうかん》と申す者を再々お召しになり、舞のけいこをなさっています。けれども、舞うのは敦盛《あつもり》（幸若舞の一つ）だけでございます。


〝人間五十年、下天《げてん》の内を比ぶれば、夢幻《ゆめまぼろし》の如くなり。一度《ひとたび》生を受け滅《めつ》せぬものの有るべきか〟

（解釈　人の一生はせいぜい五十年、それも仏教の教えの中にある下天という所では、五十年が一昼夜のうちに過ぎ去るという。まことに夢か幻のようにはかない一生である。一度この世に生まれて滅びないものがあろうか。すべてが滅び去ってしまうのである）


これを慣れた調子で、歌いながら舞われます。また、小唄《こうた》を好んでお歌いになります」

「妙なものがお好きじゃな。それはどのような歌であるぞ」

「〃死のうは一定《いちじょう》、偲《しの》び草には何をしよぞ、一定語り起こすよの〃
（解釈　人が死ぬことは定めである。私が死んだ後、私のことを偲んでくれる人の話の種には、何を用意しておこうか。人はその種できっと私の思い出を語ってくれるでしょうよ）

これでございます」

「ちょっとその小唄のまねをして下され」

「出家の身ですから、歌ったこともございませんので、出来かねます」

「是非々々お聞かせ願いたい」

ここで天沢は止むを得ず、小唄をまねて歌いました。天沢は続けて、

「鷹狩りの時は、二十人を鳥見《とりみ》の衆として用意し、二里三里（八キロ・十二キロ）先へ、鳥見の衆が二人一組になって行き、あそこの村には雁《がん》が、ここの村には鶴が居ると分かると、一人は鳥の見張りに付き、他の一人は信長公のもとへ知らせに走る、ということでございます。

また、六人衆という者をお定めになっております。弓を持つ者三人、槍を持つ者三人で、この者たちはいつも信長公のお側に付いています。これは、不測の事態に備えてのことと思われます。

いよいよ一羽の鳥にねらいを定めると、馬に乗った者一人が、生きた虻《あぶ》（ハエより少し大きな昆虫）を数匹、わらの先にくくり付けて持ちます。虻はブンブン羽音を立てて動きますので、鳥はそれをえさと思って飛び立つのをためらいます。馬に乗った者は、遠くから鳥の周りをゆ

っくり乗り回しながら、だんだん鳥に近付いて行きます。信長公はその馬の陰で、腕に鷹を据えられ、鳥に見付からぬように、馬の陰にぴったりと付いて、鳥に近寄った時を見計らって、走り出て鷹を放します。

また、あらかじめ向こうで待つ者を決めて、この者には鋤《すき》を持たせ、百姓の姿をして畑を耕すまねをさせ、鷹が鳥に飛び付き組み合っているところを、向こうに居た者がその鳥を押さえるのです。信長公は身のこなしが素速いので、度々ご自身で鳥を押さえると聞いております」

信玄はここまで聞いて、

「信長が家臣をよく知って巧みに使うことは、まことに道理のあることよ」

と言って、天沢に向かって両手を合わせ拝むようにしたので、天沢が別れのあいさつをすると、信玄は、

「関東の旅を終えての帰りには、必ずここに立ち寄られよ」

そこで天沢は、信玄のもとを退出しました。

戦国時代の武将は、他国の情報を収集することに心懸けました。武将はそれぞれ独自の諜報《ちようほう》員（スパイ）を持ち、情報を集めましたが、信玄が天沢に、信長のことを根掘り葉掘り聞きだしたように、機会を捕らえて、出来るだけ良質の情報を手に入れることも、戦国武将にとって重要なことでした。

(2) 佐々成政《さっさなりまさ》・前田利家・柴田勝家―功名譲り

織田信長が斎藤竜興《たつおき》を攻めた時、美濃軽海《かるみ》（岐阜県）で、竜興の家来稲葉又右衛門という豪傑の侍を、佐々成政と前田利家の二人が同時に討ち取りました。成政は利家に、

「その方が敵を突き倒されたのだから、首を取られよ」

と言う。利家は、

「我らは敵を倒したというまでのこと。槍を合わせたのはそなたが先であるから、そなたが首を取られよ」

と、互いに譲り合っているところへ、柴田勝家が来合わせ、

「そのように両人が辞退する首ならば、中で我らが申し受けよう」

と言って首を取り、

「我ら功名の証拠のため、両人も来られよ」

と、勝家はいかにも自分の手柄のように振る舞い、三人同道して信長の前に出ました。しかし勝家は、

「この両人で敵を討ち取り、首を取れ、取らぬと申し、互いに譲り合っているところへ某《それがし》が来合わせたので、首を取って参りました」

と、有りのままに申し上げました。信長は聞いて、三人を共に褒《ほ》めたたえました。

(3)　豊臣秀吉―源頼朝と天下友達

豊臣秀吉は、小田原の北条を平定した後、鎌倉を巡見しました。白旗《しらはた》の宮へ行き、源頼朝の木像を見て、木像に向かって、

「微小な力から身を起こして天下を討ち平らげ、四海を手の内に握ったのは御身と私の二人である。けれども、御身は多田満仲《ただのまんじゅう》（源満仲《みつなか》）の子孫で、皇統に近い血筋である。殊に源頼義・義家は東国の守護で、諸人のなじみが深い。

また、為義・義朝は関東に根拠を持っていたので、御身が流人《るにん》になられても、諸人は慕い尊んだ。だから、兵を挙げるとすぐに関東勢は皆御身に従い、天下統一に手間を取らなかった。ところが私はもともと卑賤《ひせん》の出で、氏も系図も無い身でありながらこのように天下を取ったことは、御身より私の功が優れていることになる。けれども御身と私は天下友達だ」

と言って、木像の背中を親しそうにたたきました。

（参考　清和天皇―○―○―満仲―○―頼義―義家―○―為義―義朝―頼朝）

(4)　蒲生氏郷―西村左馬之允《さまのすけ》と相撲

豊臣秀吉が島津征伐に九州へ渡った時、蒲生氏郷は岩石城《がんじゃく》（福島県）を攻め取りました（本文⑤(8)蒲生氏郷―岩石城を力攻め85ページ）。氏郷の家臣西村左馬之允は、抜け駆けして手柄を立てましたが、氏郷は、左馬之允が軍令を犯したことを責めて、勘当《かんどう》しました。その後、左馬

之允は細川忠興に頼み、忠興の口利きで氏郷に帰参を願い出ましたので、氏郷も罪を許して元の禄を与えました。

その翌日のことです。氏郷は左馬之允に、「相撲を取ろう」と言い出しました。左馬之允は「はっ」と答えましたが、当惑しました。そして考えるには、

「相手は主君であり、殊に帰参した翌日である。わしを試そうとしているのであろう。わしが勝ったら機嫌を損ずるであろう。負けたら、西村も浪人暮らしの苦しさに軽薄な根性に成り下がったか、と、皆が思うであろう。どうしたら良かろうか、一生の浮沈ここに窮まった」

と思いましたが、考え直して、

「人は名こそ惜しまねばならぬ。軽薄者と言われて奉公するよりは、いっそ機嫌を損ずる方がましだ」

と、心を決めました。

相撲は、小姓たちやその場に居合わせた者の見ている、座敷の真ん中で行われました。左馬之允は、しばらくもみ合った後、氏郷を畳の上に投げ付けました。氏郷は、

「無念のことである、今一番」

と、四股《しこ》を踏んで立ち向かって来ます。氏郷の近習の者たちは、左馬之允に向かって、気遣いせよ、と、しきりに目くばせして、息をのみ、手に汗を握って見守っています。左馬之允は、

「今度負けたら追従者《ついしょうもの》と言われよう。例え怒りに触れるなら触れよ」

と決心し、少しも容赦《ようしゃ》せず、また氏郷を打ち負かしました。

氏郷は笑いながら、

「その方の力はわしの倍ある」

と、言いました。そして翌日、左馬之允の知行を加増しました。

氏郷は、浪々の生活を送って来た左馬之允の、気力・体力がどうなっているのか、以前のままであるか、衰えているか、それを自身で確かめたいと思ったのでしょう。この場合、それを確かめる手段が相撲だったのです。

氏郷は相撲を取って見て、以前と変わらない気力・体力の充実した左馬之允であることを知り、満足しました。豪勇比類ない武将である氏郷に取って、左馬之允は頼もしい家来である、と見極めることが出来たのです。

(5)　徳川家康―鳥居元忠《もとただ》に娘捜しを頼む

武田勝頼が滅びた後、徳川家康は、武田の家老馬場信房の娘がある所に隠れている、と聞いて、家臣の鳥居彦右衛門元忠に、その捜索を命じました。元忠は、「捜したが見付かりませんでした」と家康に報告しました。

その後、以前家康に信房の娘のことを話した者が、家康の前へ出た時、家康が再度この娘のことを尋ねました。その者は、そっと家康のひざ近くはい寄って、

「まことはその娘、元忠の家に住み着いて、今は本妻のようにして居ります」

と、告げました。家康は、

「あの彦右衛門という男は、若い時から何事も抜からぬやつだ」

と言って、声を立てて笑いました。元忠をとがめることはありませんでした。

⑹　本多三弥《さんや》―主君へ直言する

本多三弥正重《さんやまさしげ》という侍は、武勇に勝れた一方で、だれに向かってもズケズケと直言する男でした。蒲生氏郷の家来として岩石城《がんじゃく》（福岡県）を攻めた時のことです。氏郷が軍勢を励まそうと、貝を取って吹きましたが、貝は鳴りません。三弥がそれを見て、

「大体、腰抜けの吹く貝は鳴らぬものでござる」

と言いました。氏郷は怒って、

「その方吹いて見よ、鳴らずば生けては置かぬ」

と、刀のつかに手をかけると、三弥は貝を取り上げ、高々と吹き鳴らしました。

「剛の者の吹く貝、お聞きなされたか！」

と、三弥は言い捨てて、槍を取って敵陣へ突進して行きました。

蒲生氏郷は当時の武将の中でも最も勇猛な武将でした（本文5⑻蒲生氏郷―岩石城を力攻め85ページ）。三弥は、その氏郷を「腰抜け」と言ったのです。三弥以外の者には言えないことです。

三弥はその後、徳川家康に仕えましたが、ある時、幸若《こうわか》八九郎が、源義経の最後の場面を演じたのを見て、家康が、

「武蔵坊弁慶は世に優れた男である。今の世には少ないであろう」

と言ったのを聞いて、三弥が、

「今の世に判官《ほうがん》（義経）殿のような主君は、見付けかねまする」

と、皮肉たっぷりに応酬しました。家康も義経よりは遥かに劣ると言ったのです。


後に三弥が二代将軍秀忠に仕えた時、家康が秀忠に、

「三弥はよくすねる男である」

と、三弥のことを紹介しました。

三弥はその後、秀忠より一万石を拝領した、ということを家康が聞いて、家康は三弥をからかってみたい気になりました。家康には、そのような遊び心もあったのです。家康は三弥を召して、

「一万石を与えられたのは、その方が了見を改め、身を慎んでいるからであろう」

と言いました。三弥は、

「将軍様は、殊の外ご奉公申し上げ易いお方でございます。あのような主君にすね申すは気違いでございます」

家康は三弥が、自分より秀忠の方が仕え易いと皮肉を言っているのを聞き分け、

「三弥の持病がまた起こったわ」

と、言って笑いました。家康は、久し振りに三弥独特の言い回しを懐かしい思いで聞いて満足しました。

(7)　伊達政宗―鈴木石見《いわみ》を招待する

伊達政宗が、江戸城大広間の溜まりの間に居た時、徳川頼房（水戸初代藩主）の家臣で、鈴木石見と言う者が、頼房の太刀を持ってその座に居ました。石見は目を放さず政宗を見据えているので、政宗が不審に思い、石見に向かって、

「その方は我らに目を放さず見られているが、どういう訳でそれ程見られるのか。その方は何者ぞ」

と、問いました。石見は、

「我らのことは聞いてもおられましょう。水戸殿の内に鈴木石見とて、広く知られている者です。あなた様のことは、評判には聞きましたが、見ることは今が初めてです。そもそも、水戸は奥州のお先手《さきて》で、奥州で謀反が起これば、水戸が先陣を承る立場にあります。ところで、奥州で謀反を起こすとすれば、あなた様より外にありません。それで、あなた様の顔をよく見覚えておき、もし謀反したら、あなた様のお首を取るべきために、このように見ているのです。水戸の内であなたのお首を取るべき者は、拙者以外にはいません」

と、答えました。政宗は聞いて大いに感じ、

「われ以外に奥州で謀反を起こす者はいないと見られたのは、いかにも良い目利きである」

と言って、言葉を次いで、

「さて、いつ何日に我ら方へ参られよ」

と、頼房にも断りを言って、石見を政宗の私邸へ招き、自身給仕をして、殊の外馳走《ちそう》し、終

日石見に顔を見せたということです。

伊達政宗と鈴木石見、人並みはずれた変わり者の二人は意気投合したようです。

13 人をかばう

(1) 前田利家―浅野長政父子を救う

豊臣秀吉は、養子である関白秀次を、謀反の容疑ありとして高野山で切腹させました。そして、秀次と関係の深かった者をも処罰しました。浅野長政・幸長《よしなが》父子も、秀次の一味であるとして、磯貝《いそがい》という者が偽判《にせはん》をしたので、父子共に死罪となることに決まりました。

前田利家の屋敷は、浅野父子の屋敷の向かい合わせに在ったので、利家はひそかに浅野父子を呼んで事情を聞きました。その結果、石田三成・増田《ました》長盛《ながもり》らのまったくの中傷によることが明らかになりました。

利家は浅野父子に、

「我らに任せられよ、無理にはご成敗致させ申さぬ。第一、ご成敗は上様（秀吉）の御ためにもならず」

と言って、秀吉の居る伏見城へ上がりました。

伏見城の城門外には、抜き身の槍など、わざと見えるようにして、浅野方に反抗の素振りをさせようと、奉行どもが仕向けていました。利家は乗り物を降りて、

「お前らは何という態度を取るぞ、今は日本は言うに及ばず、外国人までも伏見に居るのに、弾正《だんじょう》（長政）父子ほどの者が、仮に不届きのことに決まり、ご成敗になったとしても、ご門際に抜き身を出すなどはもっての外である。我ら一人に仰せ付けられたなら、人知れず腹を切らせ申すものを。さても奉行のやつらは武士の道を知らぬと見える。算用のことと人の悪口を言うことは知っているが……」

と言って、大声で、

「その槍ども、さやにはめぬか！」

と怒りました。その威を恐れて、櫓《やぐら》から奉行の衆が小声で、

「さやにはめよ、はめよ」

と言ったので、皆急いでさやにはめました。利家の供の者たちは、こんな愉快なことはなかった、と言い合いました。

利家は城に上がって、浅野父子の無実の次第を段々に申し開きしたので、いよいよ偽判に決まり、長政・幸長父子は、無実の罪を晴らすことが出来ました。

(2) 徳川家康―伊達政宗をかばう

関白秀次が豊臣秀吉に謀反を起こす、と評判された時、伊達政宗も秀次に組しているというわさがありました。秀吉は家臣数人を遣わして、政宗を尋問させた上、政宗に、

「伊達家の家督を子息兵五郎《ひょうごろう》（後の秀宗）に譲ること、伊達家の領地を東北から伊予（愛媛県）へ移すこと」

を命ずることにしました。命令を伝える上使は大坂を立ち、夜になって京都の伊達屋敷に着きました。

命令を聞いて政宗は大変驚き、困って、助けを徳川家康に求めようと考えました。夜中を過ぎていましたが、政宗の使者二人は夜通し馬を進め、明け方、伏見の徳川屋敷に着きました。使者は家康に政宗の言葉として、

「領地についてこのように仰せ付けられ、伊達家の盛衰この時に窮まりました。徳川殿の賢明なご配慮を仰ぎ奉るよりほかに、方法はありません」

と、告げました。

家康は起きたところでしたが、使者を居間に通して、

「両人とも飯はまだじゃろう。一緒に食おう」

と言ってその用意をさせ、食事を共にしました。

それからしばらく時間がたちましたが、家康は何も言いません。二人の使者は仕方なく、

「主君政宗は、さぞ待ち兼ねていると存じます。早く帰ってご返事を申し聞かせたいと存じます」

と、使者は家康に返事を催促するように言いました。その時、家康は大声で、

「帰ったならば、わしが申したと政宗殿へ申せ。それは、〝その方どもの主人は腰抜けじゃ。人当たりは強いように見えるが、あれ程の腰抜けは二人と居るまいぞ〟と。

そのような腰抜けであるから、何を申し聞かせてもぬかに釘《くぎ》であろう。それ故、主人には申

さず、その方共の心得までに申し聞かせよう。

腰抜けの主人の供をして、伊予の国へ押し流され、魚のえさになったがましか、都に居て犬のえじきになったがましか。その方ども、性根《しょうね》をすえて思案すべきところぞ」

聞いて二人はハッと平伏しました。家康の真意がよく分かったからです。家康の言った「都に居て犬のえじきになったがましか」というのは、「秀吉の命令を拒否し、都に留まって斬り死にした方がましか」ということです。家康は使者に、

「家来が心を一つにして、斬り死に覚悟で領地を守れ」

と、暗に言っているのです。

二人の使者は、

「かたじけなく存じ上げます」

と、礼を言って退出し、京の伊達屋敷へ馳せ帰りました。

使者の報告を聞いて、伊達屋敷はにわかに色めき立ちました。公然と戦さ支度を始めたのです。

そうした所へ、昨日の秀吉からの上使が、政宗の返答を聞くためにやって来ました。上使が伊達屋敷へ着くと、屋敷の門前に、弓・鉄砲・槍・薙刀《なぎなた》を持った者が透き間もなく立ち並んで、ただただ打って出ようとする気配です。

お使いが来たと聞いて、政宗は刀を持たずに出迎え、座敷へ案内して使いの趣旨を聞き、涙をハラハラと流して言うには、

「上様の御威勢ほど、世に有難いことはございません。また、人間の不幸の中に、上様の御勘

気を被るほどの不幸はありません。今日こそ、そのことがよく分かりました。某《それがし》には、例えお疑いを被って首をはねられましても、異議を申し上げるものではありません。まして国郡《こくぐん》を賜わって、場所を替えるとのこと、何の差し支えがありましょう。

けれども、譜代の家来どもが皆、訴えて申しますには、

『どうして数十代のご領地を離れて、他国へ流浪することがありましょうか。速やかにここで腹を切らせられませ。我々も一人も生きてこの地を去り、また他人に渡す考えはありません』

と言い切って、私に強く自害を勧めますので、いろいろと道理を尽くして申し聞かせましたが、家臣らは一向に同意致しません。各々方もご覧の通り狼藉《ろうぜき》の有様です。それも私が今はただ御勘当の身になりましたので、ここに引き連れました家来さえ下知《げち》に従わず、疎略に仕りますことも致し方ございません」

と、つくづく言いました。

上使が大坂に帰って、秀吉にこのことを報告しました。家康は時刻を見計らって大坂に下り、秀吉の前に出ていましたが、これを聞いて、

「いかにもそのように聞いております。政宗一人の身については、上意に背いて旧領に居座り返上致さぬ時は、某に仰せ付けられましたら、即時に彼の宿舎へ押し寄せ踏みつぶしますのに、何の造作もございません。

けれども、このたび政宗の供をして来た千に足らぬ小勢でさえ、家臣どもはあのように思い切って居りますれば、旧国に残り留まっている家来どもは、国を退くとは決して申さないでありましょう。彼の家来どもを追い払われる賢明なお考えがございましたなら、政宗の処置につ

いては某に仰せ付けられましょうか。それにしましても、累代の領地を没収なされますこと、彼の家来共の嘆き訴えますところも不憫《ふびん》に存じますれば、曲げてこの度は御赦免《しゃめん》もあるのでございましょうか」

と、赦免をほのめかすように言いました。家康の言葉は丁寧ですが、その実は、政宗の家来の行動に事寄せて、秀吉を脅しているのです。秀吉も家康の心を察し、

「ともかくも家康が取り計らわれるのが一番良いであろう」

と、家康に処置を任せたので、国替えの指図は無くなり、その後、政宗の勘当も許されました。

家康が考えた筋書通りにことは運んだのです。

(3)　徳川家康―小早川秀秋を弁護する

小早川秀秋は慶長の役に際し、秀吉の命によって最高指揮官として朝鮮に渡りました。若い秀秋は自ら先陣して敵を破り、味方を勝利に導きました。その後帰国し、伏見城の秀吉に凱旋《がいせん》のあいさつに出ました。秀秋は褒められるとばかり思っていたのですが、秀吉から、

「大将軍が自ら諸軍と功を争って、軽々しい振る舞いをするとは何事か！」

と厳しく叱られました。

その後、筑前（福岡県）五十万石を召し上げられ、越前（福井県）十六万石へ国替えを命ぜられました。秀秋はこの命を聞いて大そう腹を立てました。徳川家康が言葉を尽くして諫《いさ》めると、秀秋は、

「筑前を召し上げられるような罪を犯した覚えはない。わが命のある限り越前へ入国すること思いもよらず。これはきっと石田三成の讒言《ざんげん》によるものであろう。三成に会い次第成敗し、その後で自分の取るべき道を判断する」

と、言い放って、家康の諫めに応ずる気配はありませんでした。

家康は、何とか事を荒立てないようにと考え、秀秋の家老杉原下野守《しもつけのかみ》・山口玄蕃允《げんばのすけ》にひそかに話し、小早川家の侍を少々越前へ行かせ、宿屋に留め置くように、これは太閤への言い訳のためである、と、秀秋へは隠して侍少々を越前へ行かせました。

そうして家康は、毎日昼となく夜となく熱心に登城しました。秀吉がそのことに気付いて、

「内府(家康)には、このごろ殊のほか奉公振りを上げられたな」

と言いました。家康はその言葉を種として言い出したのは、

「秀秋公の朝鮮でのお働き、御軽々しく思し召されて、お国替えを仰せ付けられました。秀秋公には、ご本国筑前へのご帰国のおわび言を申し上げたいと存じておりますが、殿下の御機嫌を恐れて、申し上げることが出来ずに居ります」

と、いうことでした。

家康は、それからもずっと引き続いて熱心に登城したので、秀吉は晴れ晴れとして、

「また奉公振りを上げられたな」

家康は再び、

「何とぞ秀秋公の御こと、秀秋公はおわび言を申し上げたいと思っておられるけれども、御機嫌はいかがであろうかと心配なされ、申し上げることが出来ずにおられます」

と、そのことだけをひたすらに言いました。すると秀吉は、急に喜びの表情を見せ、

「そなたがそれほどに思われるなら、秀秋の処置は内府次第に致されよ」

と、家康に一任しました。家康は感謝の涙を流して、

「これは誠に有難い上意を承りました」

と言って城を出て、直ちに秀秋の屋敷へ行き、両家老に、越前へ出した侍をさっそく呼び戻して、本国へ帰すように伝えました。

数日の後、秀秋は家康と共に登城しました。秀吉は機嫌よく対面して、秀秋に、朝鮮で苦労した褒美にと、貞宗の刀、吉光《よしみつ》の脇差しその他の品に、黄金千枚を添えて賜わりました。また家康にも、忠光の刀・金子三百枚を賜わり、その後種々のご馳走があって城を下がりました。

その後で秀秋は、家臣を家康方へ遣わし、

「この度はお取り持ちをもって、本国へ帰国することが出来ました。その上いろいろご懇切に預かりました。時期を見計らって御礼申し上げたいと存じます」

と、伝えました。

参考までに記すと、小早川秀秋は、秀吉の室（北政所）の兄木下家定《いえさだ》の子で、北政所の甥《おい》に当たります。小早川家へ養子に入ったのです。

14 内助の功

(1) 山内一豊《やまうちかつとよ》の妻千代―夫に名馬を買わす

山内一豊は木下藤吉郎（豊臣秀吉）に仕え、秀吉の死後、関ヶ原の合戦では徳川家康に味方し、戦後、土佐（高知県）一国の初代藩主となりました。

一豊の妻は、名を千代と言い、美濃八幡《はちまん》（岐阜県）城主遠藤盛数《もりかず》の娘でした。盛数は千代が六歳の時死亡したので、盛数未亡人すなわち千代の母は、関《せき》（岐阜県）の安桜《あさくら》城主長井隼人《はやと》に、千代を連れて再婚しました。

千代は、賢い心懸けのよい女の子でしたので、義父となった長井隼人にかわいがられて成長しました。山内一豊と千代が結婚したのは、一豊が木下藤吉郎に仕えて間もないころでしたので、ひどく貧しい生活でした。

そんなある日、岐阜の城下へ、東国第一の名馬である、と言って、仙台の商人が馬を売りに来ました。織田家の侍たちがこれを見ると、誠に無双の名馬です。けれども、値段があまりに高いので、買う者が一人もいません。商人は仕方なく引いて帰ろうとしました。

そのころ一豊は山内猪右衛門《いえもん》と言っていました。この馬を欲しいと思いましたが、とうてい

買うことは出来ません。家に帰って、

「世の中に貧乏ほど口惜しいことはない。わしが奉公の初めに、天晴れあのような馬に乗って、お屋形（信長）の前へ打ち出るべきであるのに……」

と、独り言をしました。妻はじっと聞いていましたが、

「その馬の価はいかほどでしょうか」

と、問いました。

「黄金十両と言っていた」

聞いた妻は、

「それほどにお思いでしたら、その馬をお求めなされませ。代金を私が差し上げましょう」

妻はつと立って、鏡の箱の底から、皮袋に入った黄金十両を取り出して、一豊の前へ差し出しました。一豊は驚いて、

「この年ごろ身が貧しくて、苦しいことばかり多かったのに、この黄金があるとも知らせてくれず、どうして隠していたのか……。しかし、今欲しい馬を買うことが出来るとは、思いもよらぬことだ」

と、妻が隠していたことを、一方では恨み、一方では喜びました。妻は、

「仰せられることは道理でございます。けれども、これは私の父（長井隼人）が、私がこの家に参ります時に、この鏡の下にお入れになって、

『この金は、決して普段のことに遣ってはならない。そなたの夫が一大事という時に差し上げよ』

と言って、給わったものです。そうしますと、家が貧しくて苦しむなどということは普段のことでございます。どのようにでもして堪え忍べば過ぎてしまいます。それゆえ今まで隠して置きましたが、この度のことはご立身の基にもなりますので、これでその馬をお買いなされませ」

と、言い添えました。

一豊はその馬を買って、信長が浅井・朝倉攻めに、軍勢の勢揃えをした時、その馬に乗って参加しました。馬はすぐに信長の目に留まりました。信長は、

「あの馬はだれであるか、さても見事な馬に乗るものかな」

と尋ねました。近習の者が、

「あれは新たに召し抱えられました山内猪右衛門でございます」

「あの馬をどのようにして求めたのか」

「そのことでございます。お目に留まりますのも道理でございます。あの馬は、近ごろ仙台からはるばる引いて参りましたが、途中で買い求める人が無いので、織田のご家中でなくては求める人がいないだろう、と申して、当家へ参りました。けれども誰も求められる者がございませんでしたが、猪右衛門が買い求められました」

信長は強く心に感じられ、

「奥州より当地まで来る途中、北条・武田を始め多くの家を経て、求める人も無く、織田家ならばと思って、はるばるここまでやって来たのに、織田家にも求める者が無く空《むな》しく帰したな

らば、敵の家中へ聞こえても信長の面目を失うことである。猪右衛門が馬を買ったことで織田家の面目を保つことが出来た。また、良馬を持つことは、弓矢取る身のたしなみである。猪右衛門は、一方では信長の家の恥をすすぎ、他方では武士としてのたしなみが深いことを示した」

と言って、猪右衛門を褒めました。

浅井・朝倉攻めに、名馬に乗って出陣した一豊は、朝倉勢の中に強弓の巧者として知られた、三段崎《みたざき》勘右衛門と戦いました。一豊は勘右衛門の矢を顔に受け重傷を負いながらも、激闘の末、勘右衛門を討ち取りました。戦い終わって、勘右衛門の首級は藤吉郎から信長へ首実検に回され、一豊は信長からその功を称されました。戦後一豊は四百石を与えられました。

(2) 細川忠興の妻玉子（ガラシャ）―その生涯

後に細川玉子（ガラシャ夫人）となるこの女性は、明智光秀の三女として生まれました。玉子が細川忠興に嫁いだのは十六歳の時で、忠興も同い年の十六歳でした。

忠興の父細川藤孝《ふじたか》と、玉子の父明智光秀は、共に織田信長の部将として、信長の信頼を得ていました。忠興・玉子の結婚は、信長の口添えによると言われています。

二人の新婚生活は幸福そのものでした。忠興はすでに初陣も経験した立派な若武者です。玉子は絶世の美女とうわさされたその美しさに加えて、あふれるばかりの才気に満ちた女性でした。二人は強い愛情で結ばれていましたが、また、忠興が筋の通らないことを言った時は、玉子は敢然と受けて論陣を張り、一歩も譲りませんでした。玉子には見かけによらない心《しん》の強いところがあったのです。

二人の生活を激しく変化させたのは、それから四年後に起きた本能寺の変でした。天正十（一五八二）年、忠興・玉子二十歳《はたち》の時のことです。玉子の父は、主君織田信長を討った明智光秀です。細川家では玉子の扱いに悩みましたが、藤孝・忠興は相談の結果、玉子を離縁し、細川家の領地である丹後（京都府北部）の山奥、味土野《みとの》に幽閉しました。玉子は数人の侍女と共にそこに住み、近くに監視のために、細川家の武士の詰め所が置かれました。

そのうちに、世は豊臣秀吉の天下となり、大坂城を築き、諸侯は大坂に敷地を与えられ、それぞれ自分の屋敷を建てました。細川家でも大坂の玉造《たまつくり》に立派な家を建てました。その後、秀吉の計らいで、玉子は復縁を許され、玉造の家に戻りました。

そのころ忠興の親しい友人に、高槻《たかつき》（大阪府）城主高山右近《たかやまうこん》がいました。右近は熱心なキリスト教信者でした。右近は折にふれ忠興に、キリシタンの教えについて話しました。忠興はまた、右近から聞いたキリシタンの教えを、玉子夫人に話しました。その話の中で玉子夫人の心を捕らえたのは、「人間の肉体は滅びても、魂は永遠に滅びることがない」ということ。さらに「魂は信仰によって救われる」ということでした。

逆賊の娘という、重い負担を心に背負って生きている彼女にとって、魂が救われる道があると知ったことは、暗夜にともし火を得た思いでした。彼女は胸が躍るのを覚えました。逆賊の汚名を着て悲運のうちに死んで行った父、明智家と運命を共にした母や姉や弟たち、これら肉親の魂をも救うことが出来れば、どんなにか大きな喜びであり、自分の心も救われるであろうか、と思うのでした。

天正十五（一五八七）年、秀吉は九州の島津征伐に軍を進め、忠興も従軍しました。忠興は出陣に当たって、玉子夫人の外出を禁じ、家臣に留守中の警備を厳重にするよう命じました。玉子夫人は、何とかキリシタンの聖堂へ出かけて、自分の心の中にわだかまっている多くの疑問を解決したい、という強い思いに駆られていました。

玉子夫人の侍女頭《がしら》においという者がいました。おいとは熱心なキリシタン信者で、外出のついでを見計らっては時々聖堂へ立ち寄り、宣教師の説教を聞いていました。

ある日、玉子夫人はおいとと話しているうちに、二人の間に一つの策が浮かびました。それは、彼岸の日に侍女たちがお寺参りに行く、と言い触らして、夫人は体の具合を悪くして寝ていることにして寝所を閉め切り、侍女の服装をしておいとと共に外出する、という案でした。

この案を実行に移して成功した玉子夫人とおいとは、聖堂に行き宣教師から長い間話を聴きました。宣教師は、この女性が大変聡明《そうめい》で、的を射た質問をするのに驚きました。控えめな態度ながら、長い間心に温めていた疑問が、次々に解き明かされるのを、心から喜んでいる様子でした。

その後も、おいとを使いとして様々な質問をして、玉子夫人のキリシタン信仰は、次第に強固になって行きました。玉子夫人は、洗礼を受けてキリスト教に帰依《きえ》したい、と強く望みましたが、監視の目はいっそう厳しくなり、ついに外出する機会はありませんでした。

しかし、玉子夫人の洗礼を受けたいという願いは強く、宣教師にもその志が伝えられました。そこで宣教師は、すでに洗礼を受けているおいと（マリアの洗礼名を持っていました）に、洗礼の授け方から洗礼を受ける者の心得まで、詳しく丁寧に教えて、屋敷の内で受洗させることにしました。

いざ受洗となると、玉子夫人はその明晰《めいせき》な頭脳で、納得が行くまで疑問を問いただしました。おいと（マリア）は、足が棒になるほど聖堂に通い、宣教師の答えを玉子夫人に取り次ぎました。そうして夫人は洗礼を受け、ガラシャ（神の愛の意）の洗礼名を授けられ、ここにガラシャ夫人が誕生しました。

秀吉は九州征伐の帰り道、博多《はかた》（福岡市）でバテレン追放令を出しました。キリスト教を禁止し、バテレン（宣教師）を国外に追放する、というものでした。ガラシャ夫人の洗礼は、ちょうどキリスト教徒弾圧が始まった時だったのです。

九州遠征から大坂玉造屋敷へ帰って来た細川忠興は、妻の洗礼を知って大変怒りました。ガラシャののど元に短刀を突き付け、改宗を迫りました。しかし、ガラシャは従いません。忠興は、ガラシャと共に受洗した二人の侍女の髪を切り、仏教寺院へ送り込みました。また、自分の留守中の監視が不十分であったという理由で、家老と家臣を追放しました。ただ、おいとだけは忠興が九州へ出陣する以前にキリスト教の洗礼を受けており、また忠興の祖母の実家から来ていたこともあって、そのままにしたようです。

忠興は、かつてはキリスト教について理解がありました。しかし、秀吉のキリスト教禁制が出された今は、キリスト教を拒否することが細川家を守る道である、と考えたのです。細川忠興という武将は、生涯、家を守るために非常に敏感に行動し、それによって家運を高めて来た武将です。

明智光秀が本能寺で織田信長を討った時、光秀にとってもっとも親しい娘婿《むこ》である忠興は、当然自分に味方してくれるもの、と、光秀は期待していたのですが、忠興は、断固として光秀の誘いを断り、豊臣秀吉に味方しました。また、秀吉の死後は、いち早く徳川家康に近付き、関ヶ原の戦いでは東軍に属して武功を挙げています。

忠興はガラシャを愛していましたが、キリスト教信仰の殻に固く閉じこもったガラシャの態度に、憎しみを感じることもありました。その愛情と憎悪は表と裏の関係で、愛情が強ければ強い程、憎悪の感情も強く働く、というものでした。

その後、秀吉のキリスト教禁止策も、貿易の関係で多少緩められました。その影響もあって、忠興はガラシャの強い希望を入れて、屋敷内に十字架を安置する礼拝堂を置くことを許しました。

そのころのことです。庭師が庭内を清掃していたところ、手洗い鉢で手を洗っていたガラシャに声を掛けられ、あいさつの言葉を交わしました。忠興は異常な程しっと心が強く、妻が他の男性と話をするなど、許せるものではありませんでした。忠興はそれを見とがめ、庭師をその場で一刀のもとに斬り殺しました。その時、顔色一つ変えないガラシャを見て、忠興が、

「そなたは蛇《じゃ》の化身だな」

と言うと、ガラシャは即座に、

「罪も無い職人を殺すあなたは鬼、鬼の女房には、蛇がお似合いでしょう」

と、平然とやり返したそうです。ガラシャ夫人の、才気と心《しん》の強さがよく表われた場面です。

慶長五（一六〇〇）年、上杉景勝征伐に向かった徳川家康の留守に、石田三成が家康討伐の

兵を挙げました。そして、大坂に住んでいる大名の妻子を、人質として大坂城内に収容することを決め、すぐに各大名の大阪屋敷へ通知しました。大坂城に近い玉造にあった細川屋敷には、ガラシャ夫人のほか、二女多羅《たら》姫、三女万姫、長男忠隆の妻千代《ちよ》姫（前田利家の娘）、忠興の伯母、と、女性ばかりの家族のほかに、少数の老臣と侍女が住んでいました。

ガラシャ夫人は、この事態にどう対処したらよいか、と、冷静に考えました。以前味土野《みとの》に幽閉されていた時、家臣の中には、玉子が明智光秀の娘であるということで、玉子に自害を勧める者がいましたが、その時は玉子は、今はその時期ではない、と判断し、そのまま今に至りました。

しかし、この度は違います。人質となって大坂城に入ることは、夫忠興に恥をかかせることになります。夫忠興が家康に誓っている忠誠心を疑わせることにもなります。家康だけでなく、家康に従っている他の武将も、忠興の家康への忠誠心を疑うことになり兼ねません。そのように考えた玉子夫人は、結局、死を心に決めました。決心するとすぐに、二人の娘を大坂教会の神父に預け、長男の嫁と伯母は隣の宇喜多家へ頼みました。侍女たちもそれぞれ避難させました。

一方忠興は、家康に従って関東へ向かう時、留守家老の小笠原少斎《しょうさい》に、玉子夫人の外出を禁じ、もし屋敷を出なければならないような事態になった時は、妻を殺害せよ、と、命じてありました。

三成の再三にわたる大坂入城の催促を、断り続けていた細川屋敷へ、七月十七日、三成方は玉子夫人を強制収容しようと、兵を派遣しました。玉子夫人は小笠原少斎を呼んで、自分はキリスト教徒なので自害することは出来ないから、少斎に自分を討ってくれるように頼み、衣服を改め、十字架に祈りを捧げた後、少斎に胸元を薙刀で突かせて果てました。時に玉子夫人三十八歳でした。

少斎は玉子夫人の死を確かめると、用意してあった火薬を屋敷内にまいて火を付け、自分も切腹しました。

玉子夫人の辞世の歌は、

〃散りぬべき時知りてこそ世の中の　花も花なれ人も人なれ〃

三成方にとって、玉子夫人の死は大きな痛手となりました。人質とは、これを生かして捕虜にして置いてこそ効果があるのです。死なれては、相手の敵対意識を強め、相手を何の心配もなく戦える立場にする、という全く逆効果になってしまいます。三成は玉子夫人の死によって、諸大名の妻子を大坂城に入れることを中止するしかありませんでした。その後は警備を厳重にして、それぞれの屋敷を監視することにしました。

玉子夫人の死は、徳川家に対して細川家の忠誠の証明となり、忠興への援護となりました。玉子夫人の死は、結果として、夫忠興への最高の内助の功となったのです。

(3) 真田《さなだ》信幸《のぶゆき》の妻小松―城を守る

信州上田《うえだ》（長野県）の城主、真田昌幸《まさゆき》には二人の男子、信幸・幸村がいました。長男信幸は父昌幸の命を受けて、真田の領分である上野《こうずけ》沼田（群馬県）の城を守っていました。

関ヶ原合戦の前、真田昌幸・信幸・幸村の三人は、徳川家康が上杉景勝を討つ軍勢に従って、関東まで軍を進めていました。

その時、石田三成・大谷吉継《よしつぐ》の二人から、真田昌幸あてに一通の密書が届きました。その内容は、真田の軍勢に、石田三成方へ味方するように望むものでした。

昌幸は、急いで天明《てんみょう》（栃木県）の自分の陣に、少し離れた犬伏《いぬぶし》（栃木県）の陣に居た信幸を呼び寄せ、幸村を加えて三人で今後の行動について話し合いました。話し合いは長い時間にわたりましたが、なかなか結論が出ません。それには、次のような事情があったからです。

長男信幸の妻小松は、徳川家康の家臣本多平八郎忠勝の娘でした。しかも平八郎の娘は、家康の養女として信幸に嫁いだのでした。

一方、次男幸村の妻は、大谷吉継の娘でした。大谷吉継は、今は石田三成と一味同心の間柄です。

そのような関係から、信幸は徳川方に付くことを主張し、幸村は石田方に付くことを主張しました。二人の主張は、最初から最後までかみ合うことはなかったのです。長い議論の末の結論は、長男信幸は徳川家康方に、次男幸村と父昌幸は石田三成方に加勢する、というものでした。

そこで信幸は徳川の陣地へ戻り、昌幸と幸村は、居城である上田城へ帰ることになりました。昌幸・幸村の軍勢は天明《てんみょう》の陣を引き払い、真夜中に出発しました。途中で昌幸は、沼田へ立ち寄ると言い出しました。沼田の城主信幸は今は留守ですが、立ち寄って孫の顔を見たいと言うのです。

昌幸の一行は、夕方近く沼田に着きました。

沼田城に来て見ると、城門はすべて閉じ、明かりも控え目で薄暗く、静まり返った様子です。

昌幸の家来たちが先に駆け付け、大手門の前で、

「上田の大殿がご到着でござる。門を開けられよ」

と、大声で叫びました。しかし、何回叫んでも返事はなく、門は開きません。そこへ、昌幸・幸村が来ました。昌幸が門の前に立って、

「これ、誰か顔を見せよ、安房守《あわのかみ》昌幸じゃ」

と、呼ばわると、ようやく城内に人の行き交う気配がして、にわかに城内のあちこちでかがり火がたかれました。

明るく照らし出された石垣の上の櫓《やぐら》に、武装して薙刀《なぎなた》を小脇に抱えた信幸の妻小松が立ちました。小松の回りには、これも武具を身に付け武器を持った数人の老臣や女どもが付き添っています。

昌幸が小松に声をかけ、二人の間に問答が続きました。

「おお嫁女《よめじょ》、急用があって上田へ戻る途中じゃ、しばらく休ませてくれぬか」

「昨夜、信幸より使者が参っておりまする」

「ふむ、そなたたちとも敵味方になったと申すか」

「はい」

「ま、よいではないか、孫の顔だけ見たらすぐ帰る。ちょっと見せてくれい」

「なりませぬ！」

「何じゃと！」

「かようになりましたからには、父上とても城内へお迎えするわけには参りませぬ。お引き取り願いまする。お帰り下されませ」

小松の態度は、昌幸には全く思いがけないものでした。今まで昌幸は、小松が徳川方から来た嫁である、という思いが頭から去らず、良い舅《しゅうと》振りをみせたことはなかったのです。しかし小松の方は、いつも穏やかな微笑を絶やさず、しとやかに舅に仕えて来たのでした。

けれども今日の小松は、けなげにもりりしい、女城主に変身していました。

幸村が昌幸に声をかけました。

「父上、参りましょう」

「うむ」

昌幸がうなずいて馬を返した時、

「お待ち下さい」

櫓の上から、小松が呼び止めました。

「父上様、幸村様……こちらをご覧くださいまし」

見上げる二人の目に、小松が左右の腕に、二人の子供を抱えて立っている姿が、明々とかがり火に照らし出されていました。

五歳の孫六郎と、四歳の内記の二人の子供です。

「おお！」

昌幸は、かわいい孫の姿に、しばらく目を離しませんでした。

昌幸の軍勢は、始めは沼田城で一泊するつもりでしたが、不可能になりました。昌幸の頭の中には、沼田もわが一族の城という思いしかなかったのですが、小松は、昌幸・幸村も今は敵になった、と、強く意識していたのです。

昌幸たちは、しばらく城下の正覚寺《しょうかくじ》と、その付近の農家で休息しました。昌幸は今日一日の強行軍で疲れた体を、正覚寺の床《ゆか》の上に横たえて、幸村に声を掛けました。

「幸村、驚いたな」

「はあ……」

「さすが、本多平八郎の娘じゃ、あの娘は手ごわいの」

「見事にやられました」

「しかし立派なものじゃ。武将の妻はあれでなくてはならん。信幸には過ぎた嫁じゃな」

「兄上は仕合せ者です」

「今初めてわしは嫁を見直したわ」

昌幸は、孫を抱けなかった寂しさよりも、小松の優れた素質を見いだしたことに、感動していました。

昌幸は、小松が家来たちを指揮して夫の留守を守っている、女城主の姿を改めて思いました。並々ならぬ覚悟の程を見たのです。

昌幸がたびたび口にした、小松の父本多平八郎は、豊臣秀吉から「東国無双の勇者」と称賛

された武将でした。（本文②(4)本多平八郎—東国無双の勇者36ページ）

昌幸の軍勢は、ひと休みして夜食をとると、夜道をかけて上田へ向かいました。昌幸は馬を進ませながらも、

「さすがは本多の嫁じゃ」

と、何度も繰り返してつぶやきました。

(4) 木村重成の妻—夫への遺書

大坂夏の陣の時のことです。木村重成の妻は、夫から最後の決戦に臨む覚悟を聞いて、自分の部屋に入り、夫当ての遺書を書いて、自害して果てました。時に十八歳でした。遺書の内容は次の通りです。

一樹《いちじゅ》の陰、一河《いちが》の流れ、これ他生《たしょう》の縁と承り候が、さてもおととせの頃《ころ》おいよりして、偕老《かいろう》の契《ちぎ》りをなして、ただ影の形に添うがごとく思い参らせ候に、この頃承り候えば、この世限りの御催しの由、陰ながら嬉《うれ》しく存じ参らせ候。唐土の項王《こうおう》とやらんは世に猛《たけ》き武士《もののふ》なれど、虞《ぐ》氏《し》のために名残を惜しみ、木曽義仲は松殿の局《つぼね》に別れを惜しみきとやら、されば世に望み窮《きわま》りし妾《わらわ》が身にては、せめては御身御在世の中に最期を致し、死出の道とやらんにて待ち上げ奉り候。必ず必ず秀頼公多年海山の高恩、御忘却《ぼうきゃく》なきよう頼み上げ参らせ候。

（解釈　見知らぬ者同士が、雨を避けて同じ木陰に身を置くのも、同じ川の流れをくんで飲

み合うのも、前世からの因縁によるものと承っております。それに致しましても、一昨年《おととし》のころより、行く末久しくと夫婦の契りを結び、ただ影の形に添うようにお慕いして参りましたこと、まことに嬉《うれ》しく存じております。

このごろ承りますれば、もはやこの世の最後のご一戦をなさるお覚悟を決められました由、武人としての名誉を全うされますこと、陰ながら嬉しく存じます。

唐の項王という方は、勇猛で知られた武将でしたのに、愛人虞氏のために名残を惜しみ、木曽義仲は松殿の局と別れを惜しんだと聞き及んでおります。

今、共に生きる望みの絶えた私の身は、せめてあなた様がこの世に居られますうちに最期を遂げ、死出の山とかいう道でお待ち申し上げております。

必ず必ず秀頼公の多年にわたる海山の御高恩、お忘れなさいませぬよう、お頼み申し上げます）

木村重成の妻は、豊臣の家臣で組頭を勤めた真野《まの》豊後守頼包《よりかね》の娘でした。重成の覚悟を聞いた瞬間、妻は死を決意したのです。彼女は自分の運命を知りました。自害に当たっては、せめて「夫婦は二世」の縁が有ることを信じ、それに望みを託して死んでいったのです。

重成にとって妻の死は、悲しみであったと共に、心置きなく討死できる環境を作ってくれたことになりました。

15 学問とその功

(1) 細川藤孝《ふじたか》―灯油を盗んで夜学する

細川藤孝（幽斎《ゆうさい》）は後に大名になり、さらに戦国時代の最も優れた文化人となるのですが、若いころ、近江《おうみ》（滋賀県）の朽木谷《くつきだに》に住んでいた時は大変貧乏で、夜学の油を買う銭がありませんでした。

藤孝は仕方なく、ある神社の灯明《とうみょう》の油をこっそり盗んで、それで本を読んでいました。盗みが度々続くので、社人が怪しんで隠れて番をしていました。藤孝はそれを知らずにまた盗みに行きました。社人が見付けると、何とそれは日ごろ親しい細川藤孝ではありませんか。社人は驚いて、

「これは意地の悪いことをなさる」

藤孝は、

「意地が悪いのではなく、夜学の油にこと欠いたので、神もほかの盗人とは違ってお許し下さるであろうと思い、取り申した」

と言いました。社人は、

「それほど不自由されているとは存じなかった」と言って、徳利に油を入れて藤孝に贈りました。藤孝はお陰で、落ち着いて夜学をすることが出来ました。

(2) 武田信玄—聴き学問を勧める

武田信玄が言いました。

「人に学問があるのは、木に枝葉があるようなものである。木が枝や葉を付ける必要があるように、人は学問を身に付ける必要があるのである。ところで、学というのは、書物を読むことだけを言うのではなく、各自が必要なことに付いて学ぶのを学というのである。

まず、武門の家に生まれた者は、身分の大小上下にかかわらず、武功のある人に近付いてその武功談を一日に一条聴いても、一か月には三十条になる。まして年中聞けば三百六十条のことを知ることになり、去年の自分に今年の自分は遥かに勝るであろう。

したがって、人々はおのれを捨てて人の長所を取れば、人に恥じるような行動をすることは少なくなるであろう。例え文学を知らない者でも、このことに徹した者を、予《よ》は知者と言って厚くもてなすのである」と。

戦国時代は、戦場で戦うことが出来れば、一応武士として認められました。文字に付いては、多くの侍はせいぜいメモ程度の読み書きが出来るくらいではなかったでしょうか。本が読める程の学力を持った侍は、極めて少なかったのです。和歌を詠む程の学問を身につけた武士は、人々の尊敬の対象でした。

そのような状況の中で、信玄が考えたのは、〝聴き学問〟でした。聴き学問は、誰にも出来る学問の仕方、すべての人に開かれた学問の方法です。以下の五項目は聴き学問の実例です。

(3) 聴き学問① 武田信玄—老武者《おい》の話を聴く

伊豆（静岡県東部）に、鹿島《かしま》伝左衛門という者がいました。若い時から度々の合戦に出て武名を世に知られ、後には髪をそって久閑《きゅうかん》と号し、伊豆の伊東に引きこもっていました。

武田信玄はこのことを伝え聞いて、久閑に使いを出し、敬意を表して丁寧に迎えようとしました。しかし久閑は、

「私は年老い、体もすっかり衰えました。今になってどうして奉公することが出来ようか」

と言って、招きに応じませんでした。

信玄はなおあきらめないで、

「尋ね聞きたいことがござる」

と、強いて呼び迎え、春から秋に至るまで夜ごと戦さ物語をさせて、自分の先入観にとらわれず無心になって聴き、自分で筆を取って要点を書き記しました。

これは信玄自身が行った聴き学問です。

(4) 聴き学問② 山県昌景《やまがたまさかげ》—武芸四門

山県昌景は武田信玄の武将でした。昌景はある時、人に請われて、武芸四門に付いて、次の

ように語りました。

「武芸四門とは、弓・鉄砲・兵法《ひょうほう》(刀・槍など)・馬、この四つである。侍は大小によらず、右の四つを良くも悪くも習い、その上それ以外のことをけいこし、物を読み習い、書き習うことが大切である。その後で乱舞《らんぶ》を習うことも当然である。

武芸四門の中で、まず最初に習わなければならないのは馬である。二番に兵法、三番に弓、四番に鉄砲である。

馬を最初に習うのは、馬というものは、戦さ場で、どのような身分の高い者でも、代わりの者や人に頼んでは乗らない。必ず自分自身で乗るものである。

さてまた、兵法は斬り合いの時、代わりが出来ないことは、源頼朝さえ、曽我十郎・五郎が工藤祐経《くどうすけつね》を夜討ちにした時、自ら薙刀《なぎなた》を取って出られたという。

三番に、弓は侍の家のものである。その理由は、一国を持つ大将が武道に優れているのを、〝弓矢を良く取る人〟と申す。しかも弓は古来より武士の家に添うもので、これを例えて言うと、古い系図のある侍のようなものである。伝統ある武士の家には、先祖伝来の系図と共に、身を守る弓矢がいつも保存されているものである。

新規の侍は鉄砲のようなものである。鉄砲は猛烈なものであるけれども、魔物が恐れることは少ない。それに対して、弓は鉄砲ほど激しくはないが、狐《きつね》に付かれた者や、一切の不審な物の怪《け》には、弓で鳴弦《めいげん》(弓の弦《つる》を鳴らして邪気を払う)の習慣があるので、武士の奥義は弓である。

鉄砲も場合によって敵の槍隊を打ち、また、城を取り巻き、その城内へ打ち入り攻めることがあるが、これは足軽大将より下の者のすることである。

さてまた、兵法のことは、習わなくても度々斬り合いに勝つ人があれば、けいこしなくても差し支えない。けれども百人に九十人は、人をねらうか人にねらわれるかという時、互いの力に優劣はほとんど無いので、自分が優位に立つために、必ず兵法（刀や槍の使い方）を志すようになるものである。何かがあってその時になって志すのは、深い考えもなく、武士道に不心懸けと言わなければならない。ただ何ごとも無い以前に兵法を学ぶ者は、一段と心懸けのよい侍である」と。

武田信玄の時代はまだ鉄砲を軽視していました。戦争で鉄砲の威力を人々に見せ付けたのは織田信長です。信長は、信玄の子勝頼と戦った長篠の戦い（一五七五年）で、鉄砲を大量に使用して武田の騎馬軍団を打ち破り、大勝しました。これが鉄砲を重視する契機になったのです。

(5) 聞き学問③ 山県昌景《やまがたまさかげ》─いつも初めての合戦

ある人が山県昌景に問うて言うには、

「貴殿は戦さを幾度せられても、一度も後れを取る（負ける）ことがござらぬが、何ぞ秘伝でもお有りか」

昌景がそれに答えて言いました。

「そのことに付いて申すならば、合戦をして、二度も三度も同じような経過をたどれば結果はこうなる、と思い込み、見通しが付いたという自慢の心が先に立ち、戦いに工夫をせずに油断をするので、思いの外の過ちを犯すことがある。某《それがし》は自慢の心を持たず、いつも初めての合戦と思って油断することなく戦うので、一度も不覚を取ったことが無い。何ごとも油断をすればさびが付きたがるものである。殊更《ことさら》侍の道は、寝ても休んでも、時の間も油断をしてはならない」

山県昌景は、人に後れを取らない（負けない）ためには、いつも初めての合戦と考えて戦うこと。それには、過去の勝ち戦さにとらわれない、自慢の心を持たない、いつも油断しない、その上で戦いに工夫をすること、と言っているのです。

(6) 聴き学問④ 馬場信房《のぶふさ》―敵を見分ける

馬場信房は武田信玄の家臣で、武田家四将の一人に数えられていました。ある時、武田の若い侍六、七人が信房に向かって、「何ぞ後学のためになることを語って欲しい」と、頼みました。

信房がそれに答えて言うには、

「剛勇と臆病とによって、功名と不覚はあるけれども、一つは心懸けによるものである。某は若いころより、五つの目の付け所を実行しているが、それからはあまり不覚を取ったことが無い。

その五つと言うのは、まず一つには、敵より味方が勇んで見える日は、先を争って働くべきである。味方が臆して見える日に一人進んだら、犬死にして敵に好機を与えるか、または抜け駆けの罪に問われることになる。

二つには、優れた味方の侍に頼り親しみ、その人を手本にして、その人に劣らぬように心懸けて働くべきである。

三つには、敵の兜《かぶと》の吹き返し（兜が顔の左右で折れ返っている部分）がうつむいて、差し物（背中に差した旗）が動かないのは、強豪な敵である。吹き返しが上を向いて、差し物が動いているのは弱い敵である。弱い敵を選んで槍を付けるべきである。

四つには、槍の穂先が上がっているのは弱い敵である。穂先が下がっているのは強豪な敵である。穂先が揃っているのは長柄の数槍《かずやり》（大量に作った粗製の槍）で、雑兵《ぞうひょう》である。長短が不揃いなのは侍の槍で、侍の槍に掛かるべきである。

五つには、敵の気力が盛んな時は受けてこらえ、気力が衰えるのが見えたら、一気に突き掛かるべきである。

以上が、敵を見分ける五つの目の付け所である」と。

(7) 聴き学問⑤ 高畑三河《たかばたけみかわ》―度々戦っても疲れず

大友宗麟が佐伯惟教《さえきこれのり》を大将として、豊後（大分県）の合志常陸介《こうしひたちのすけ》を攻めさせた時、佐伯の侍大将高畑三河は、一日に十三度敵と戦って、功名しました。ある人が高畑に問うて、「槍や刀でわずか一、二度競り合っても、大いに疲れて息が切れ、子供にも負ける程になるのに、一日十三度の功名は、例え志はあくまで強くても力も息も続くとは思われず、不審である」

と、言いました。高畑は笑って、

「格別な理由はない。拙者戦場に臨んでは、当然のこととは言いながら、死生存亡の間にあって、少しも思案に力を費やすことは無い。それ故、人は騒がしくても、自分は静かである。大方の者は、槍を合わせ太刀を打ち違える以前に、力を出し気を張るので、精神がくたびれ疲れるのであろう。

拙者は敵に会う時は、わが首を敵に取らすか、敵の首をわれ取るか、この二つの中に天命はあると思って、始めは緩いように見えても、打ち合う時に『ここぞ』と一決して、一槍で勝負を決する。それで疲れることは無い。不要のところに気を使うことをしないので、幾度ことに合うても、胸の内は静かである」

と、答えました。

(8) 上杉謙信―軍営で漢詩を詠《よ》む

上杉謙信が、居城春日山《かすがやま》（新潟県）を出陣し、能登《のと》の七尾《ななお》城（石川県）を取り囲んだのは、天正五（一五七七）年九月でした。謙信は七尾城の南方にある石動《いするぎ》城に本陣を置き、すでに七尾城の落城が確実となった九月十三日、部下の将士を集めて酒宴を開きました。この日は、新暦では十一月三日に当たります。すでに秋たけなわの季節です。宴会は深夜に及び、謙信はその場で漢詩一首を詠みました。

霜ハ軍営ニ満チテ秋気清シ　　霜満軍営秋気清
数行《すうこう》ノ過雁《かがん》月三更《さんこう》　　数行過雁月三更

越山《えつざん》併セ得タリ能州《のうしゅう》ノ景
遮莫《さもあらばあれ》　家郷ノ遠征ヲ懐《おも》フ

越山併得能州景
遮莫家郷懐遠征

（解釈　夜も更《ふ》けた軍の宿営には、霜が一面に降りていて、秋の気配がすがすがしく、さわやかである。雁《がん》の群れが数列飛び去った深夜の空には、十三夜の月がこうこうと輝いている。遠くの周りを見渡すと、越後・越中の山々と、併せて手に入れた能登の景色が、月光の中に広がって見える。それにしても、故郷を離れて、はるばると遠征して来たものだ、と、しみじみ思うことである）

清涼な詩です。私（筆者）が小学校高学年の時、歴史の時間（当時は「国史」という教科でした）に、上杉謙信の学習の中で、先生がこの漢詩を紹介してくれました。意味はよく分からなかったけれども、初めて学んだ漢詩の語感に魅せられて、暗唱するまで読み返したものです。謙信はすばらしい詩を残してくれた、と思いました。

(9)　稲葉一鉄《いなばいってつ》―学問の功で命が助かる

織田信長が、美濃（岐阜県）の斎藤竜興《たつおき》を滅ぼした後のことです。斎藤氏の家老で西美濃三人衆と言われていた、安藤守就《もりなり》・稲葉一鉄・氏家卜全《うじいえぼくぜん》の三人は、信長の家来になりました。三人の中でも稲葉一鉄は、最も勢力が強いと言われていました。一鉄は信長の家来になりましたが、信長の目には心から自分に従う人物とは見えませんでした。信長は結局、一鉄に茶室で茶を賜わり、その席で刺し殺すことにしました。

一鉄が茶室に入ると、相伴《しょうばん》の三人が、

「あいさつの意味で、正面の掛け軸《じく》の画賛《がさん》を読みたまえ」

と言いました。その掛け軸には絵が描かれていて、上部に画賛の漢詩が書かれてありました。

一鉄は、

「それは韓退之《かんたいし》の詩で、〝雲ハ秦嶺《しんれい》ニ横タワリ、家何《いず》クニカ在ル。雪ハ藍関《らんかん》ヲ擁《よう》シテ、馬前《すす》マズ〟と言う句です」

と、画賛を読みました。

相伴の者が、その詩の意味を問うと、一鉄はもとより学問の才能がありましたので、ほぼ詩の内容を答えました。

信長は、茶室の外で壁越しに、一鉄の言うのを聞いていましたが、走って茶室に入り、

「一鉄は戦場の働きだけでなく、学問にも達している。さてさて奇特のことである。感ずるのあまり、本当のことを言おう。今日の供応は茶の湯ではない。その方を刺し殺そうとする企《くわだ》てである。相伴の三人に皆、懐剣を持たせてある。だが、いま気が変わった。今日より長く我に従って、戦さの計略を致されよ。我また決して敵意を持つことはない」

その時、相伴の三人が懐《ふところ》から、それぞれ懐剣を取り出しました。

一鉄は平伏して、

「死罪を御免下されたこと、かたじけなく存じます。私も内々今日殺されるのではないかと察しましたが、ほかに致しようもありません。けれども、是非相伴の者一人を討ち留め申そうと

存じ、用意仕りました」

と、これも懐剣を取り出しました。信長はそれを見て、いよいよ武士としての行き届いた心懸けを褒めました。

当時は一般に、武力に優れていれば、それで一人前の武士として扱われた時代です。武力が優れている上に学問があるという武士は、貴重な存在として、人々から尊敬の目で見られた時代だったのです。

画賛の詩の意味は次の通りです。韓退之は中国唐代の人で、詩文に優れていました。

「雲ハ秦嶺ニ横タワリ」遥かに秦嶺山脈を見渡すと雲が棚引いていて、

「家何《いず》クニカ在ル」わが家はどの方角に在るか分からない。

「雪ハ藍関《らんかん》ヲ擁シテ」雪が藍関の関所を包むように降り積もって、

「馬前《すす》マズ」馬も進もうとしない。

⑽　島津義久―和歌で人質を取り戻す

豊臣秀吉の九州征伐で、島津義久は秀吉に降り、愛娘《まなむすめ》を人質として秀吉に差し出しました。義久は京都に行き秀吉に拝謁し、終わって帰ろうとする時、娘と別れるに忍びず、一首の和歌を詠んで細川藤孝に贈りました。

〝二た世とは契《ちぎ》らぬものを親と子の　別れん袖の哀れをも知れ〟

（解釈　夫婦は二世、君臣は三世も縁で結ばれるというけれども、親子はこの世限りの縁である。その親と子が、袖を絞るという程の涙で別れる哀れが、どんなにつらいものであるかを知って欲しい）

藤孝がこの歌を秀吉に見せると、秀吉は歌の心に打たれて、人質を義久に返しました。義久は、合戦の合間にも歌の道に励むという、文武両道に優れた武将だったのです。

(11) 長宗我部元親《ちょうそがべもとちか》―〝袖鏡《そでかがみ》〟を編集する

長宗我部元親は、土佐（高知県）の岡豊《おこう》城に生まれ、天正三（一五七五）年、土佐一国を統一しました。その前年、東部の崎の浜（室戸市）と、西部の渡川《わたり》（四万十《しまんと》川）で戦って勝ち、岡豊へ帰陣しました。崎の浜・渡川からそれぞれ帰陣する途中、各地の名所旧跡を尋ねて観賞し、土地の古老に伝承を聞き、神社仏閣に参拝して宝物《ほうもつ》を見学し、その由来を尋ねて回りました。そして、それらのことを家来に記録させました。

元親は、若いころは居間にこもり、読書三昧《ざんまい》にふけることが多かったのです。それで、家臣たちは元親のことを、〝姫若子《ひめわこ》〟と評判していました。読書の内容は広い範囲にわたっていたようですが、その中に、土佐の国の地理・歴史に関するものも多く含まれていました。

元親は、崎の浜・渡川から岡豊へ帰陣した後、右の実地見学とその記録に加え、関係のある古典・古記録を調べて、土佐国中の名所・旧跡・古歌等を集めて一冊の本にまとめ、〝袖鏡《そでかがみ》〟と名付けました。袖鏡の「袖」は、着物の袖の意で、「鏡」は、大鏡《おおかがみ》・増《ます》鏡・吾妻《あずま》鏡などのような、歴史物語を意味します。まとめて言うと、「袖に入るほどの大きさの土佐の歴史物語」ということで、現代風に表現すれば、「ポケット版土佐の国案内」とでも呼べるような本でした。袖鏡の内容は具体的にどのようなものであったか、残念ながら、袖鏡の実物は伝わっていません。それで、「土佐物語」などによって、その内容を推測するしかないのですが、次に推測される内容の幾つかを例示してみます。

① 宇多の松原

太平洋に沿った赤岡の松原は、「土佐日記」に宇多の松原と書かれた、昔からの名所です。「土佐日記」には、次のように書かれています。

「その松の数いくそばく、幾千歳《いくちとせ》経たりと知らず、本《もと》ごとに波うち寄せ、枝ごとに鶴ぞ飛びかよふ、面白しと見るに堪へずして、舟人《ふなびと》の詠める歌

〝見渡せば　松の梢《うれ》ごとに住む鶴は

千代のどちとぞ　思ふべらなる〟」

〈解釈　その松の数は幾つあるか、どのくらい年が経っているのか分かりません。根本《ねもと》という根本に波が打ち寄せ、枝という枝には鶴が飛んで来ています。面白いと見ているだけでは我慢しきれなくなって、船の中の人〈紀貫之〉が詠んだ歌は、

宇多の松原を見渡すと、松の梢《こずえ》ごとに住んでいる鶴は、松を千年もむつみ合う友達だと

思っているようです）

②　吸江《ぎゆうこう》

吸江寺（高知市）は、夢窓《むそう》国師が開いた寺で、本尊は地蔵菩薩である。これは将軍足利尊氏の守り本尊であるというので、夢窓国師がこの地に安置したという。国師の詠んだ歌に、次のようなのがある。

〃板の屋に　わらの庇《ひさし》を差し添えて　音し音せぬ　むら時雨《しぐれ》かな〃

（解釈　板ぶきの屋根にわらの庇を差し添えた吸江庵《あん》（吸江寺の元の呼び名）に、むら時雨が通ると、板屋根の部分は雨音が高く、わらの庇の部分は音がしない）

〃心あらん人に見せばや　吸江の　向かいの山の　夕べあけぼの〃

（解釈　風雅の心を持つ人に見せたいものだ。吸江の西向かいにある筆山《ひつざん》（潮江山《うしおえやま》）の、夕暮れ時のすばらしい景色や、朝日を浴びて輝く山の姿を）

③　玉島《たましま》

「釈日本紀《しゃくにほんぎ》」巻十によれば、土佐の国の「風土記《ふどき》」に、玉島のことが書かれているという。神《じん》功《ぐう》皇后が土佐へ来られた時、船がこの島に停泊した。皇后は島に下りて磯《いそ》ぎわで休んでいると、一つの白い石が目に入った。鶏の卵のように丸い石であった。皇后が取り上げて手のひらに載

せると、光が四方に輝いた。皇后は大変喜んで、左右の者に、

「これは海神が賜わった白真珠《しろまたま》です」

と言われた。それでこの島を玉島と呼ぶようになった、と。（玉島は現在も高知市の浦戸湾に存在します）

④　与津綱《よつづな》

与津の浦（高知県窪川町）に与津綱という船に用いる綱がある。この綱を作るには、楮《こうぞ》の皮の繊維で大綱を作り、二、三年も沖で漁をして古くなった後、綱を解いて綱に作り替えるのである。それでこの綱を、「与津の解き綱」とも言う。この綱の強いことは計り知れない程で、船が大波に会っても切れることが無い。土佐の国でもこの綱を作っているのはこの浦だけで、他の浦では作らないものである。


袖鏡が出来上がって間もないころ、前関白近衛竜山前久《りゅうざんさきひさ》公が、土佐を訪れました。近衛公は関白を辞任した後、全国各地の有力武将を訪ねて回っていたのです。近衛公の訪問を受けた元親は袖鏡を献上しました。袖鏡を御覧になった公は、ひどく感動され、

「このような田舎に住む武士が、しかもこの戦国の時代に、土佐の国の本を作ったということ、誠に思いも寄らぬことである。むかしの木曽義仲とはずいぶん違ったものだ。鬼が人を食らわず、古木に花が咲いたような思いである」

と評されました。袖鏡は後に細川藤孝から、太閤秀吉にも紹介されたということです。

16 教訓

(1) 織田信長—小姓を教育する

ある時、織田信長が、小姓部屋に向かって、

「だれでもよいから参れ」

と言いました。近習の小姓一人が信長の部屋へ行き、

「ご用でございますか」

と、用向きの仰せを待ちました。信長は、

「もうよい」

と言ったので、小姓は信長の部屋を退出しました。

しばらくして信長は、また前のように呼んだので、他の小姓が参上すると、これも少し間を置いて、

「用はない」

と言うので、部屋を出ました。

また少しして、

「だれぞ参れ」

それで他の小姓が参上しましたが、しばらくして、この小姓も用事がなく、部屋を出ました。

部屋を出る時、信長の座っている側にちりが落ちていたのを拾って出ました。

信長は、

「待たれよ」

と、呼び止めて言うには、

「一般に、人は心と気を働かすことが良い。武道ということも、敵に攻めかかるのも退《ひ》くのも、潮時を見計らって行うのが合戦の習いで、退きようもまた大事である。その方のただ今の退きよう、心と気の働きが見えて殊勝である」

と、その小姓を褒めました。

またある時、信長が手の爪《つめ》を切ったのを、小姓が取り集めましたが、小姓が何かを捜している様子です。

信長が、

「何を捜しているぞ」

と尋ねると、小姓は、

「お爪一つ足りません」

と、申し上げました。信長が袖を払うと、爪が一つ落ちました。

信長は感心して、

「することはすべて、このように念を入れるべきである」と言って、その小姓に褒美を与えました。

信長は、日常の生活の中で、小姓の気配り、心遣いの大切さを教育していたのです。

(2) 黒田官兵衛―いたずら者を仕付ける

黒田官兵衛の草履取りに、竜若《たつわか》という者がいました。たびたび度が過ぎたいたずらをするので、官兵衛が命じて、柱に縛り付けさせました。仲間の者たちが心配して、明日は一同でおわびを申し上げよう、と相談していたところ、官兵衛は竜若を、八キロ余りある所へ使いに出しました。その用事は、その地の代官から、瓜を受け取ることでした。

やがて竜若が瓜を持って帰ったところ、官兵衛は瓜二つを取って竜若に、「食え」と言って渡しました。それで、竜若はもちろん、わびを入れようと相談していた仲間の者も、はや許されたものと思いました。

ところが官兵衛は、竜若をまた元のように縛らせました。しばらくしてまた、掃除などをさせては縛らせ、いろいろの用事に使い、三日ばかりして後ようやく許しました。

竜若の仲間たちが、「殿のご折檻《せっかん》は世間に珍しい囚人の扱いだ」などと言っているのを聞いて、官兵衛は、

「いたずら者なので、教育のため縛ったが、使わねば損がいくわ。もっとも、内心は憎からず思い、不憫《ふびん》にも思いながら折檻した。縛りつめたら体に縄の跡が付くだろう。時々休ませ用事

もさせて、ゆっくりと折檻したら、懲《こ》りる度合いも強いだろう」
と言って笑いました。

(3) 黒田官兵衛――博打《ばくち》うちを戒める

黒田官兵衛が聚楽第《じゅらくだい》へ出勤することになった時、家中の者に博打を打つことを厳禁しました。ある夜、桂《かつら》菊右衛門という者が、他家へ忍んで行って博打を打ち、思うように勝って、金銀・刀・脇差しなど、多くの品を取り、羽織に包んで帰りました。

帰る途中で夜が明けましたが、官兵衛の出勤の通り道でもあったので、行き会ってはまずいと思い懸命に道を急ぎました。万一、見とがめられたら、博打うちには行っていない、と言おうと思い、先も見ずに急いでいると、曲がり角で官兵衛にバッタリと行き会いました。菊右衛門は大変驚き、平伏して、

「私は博打うちには参っておりません」

と、いかにも声高に言いました。官兵衛は、聞かぬ振りをして通り過ぎて行きました。

さて菊右衛門は、自分が官兵衛の前で取り乱したことをひどく後悔して、きっと切腹を申し付けられるであろう、と覚悟し、家に帰ってふさぎ込んでいました。

仲間たちも、きっと切腹を命じられるだろう、と同情して、皆が見舞いに集まっていた時、官兵衛から仲間たちに、「皆に用事がある」と言って来ました。一同、「それこそ切腹を申し付けられる」ものと思って、菊右衛門を残して出て行くと、そうではなくて、居間の庭に竹垣を作るように申し付けられました。

菊右衛門は、切腹の指図を今か今かと待っていましたが、仲間の一人が走って帰り、「切腹のことではなく、垣を作れとのことであった」と言ったので、菊右衛門はひとまず安心しました。

そこで菊右衛門は、

「皆が用事に出るのに、一人引きこもっていては良くないだろう」

と考えて、仕事場へ出ました。

官兵衛は菊右衛門を見て、大声で呼んで、何事かささやきました。仲間たちは不審に思いましたが、そのうちに竹垣も仕上がったので、官兵衛は喜んで、

「上々の出来である。皆々くたびれたであろう、帰って休め」

一同は庭を出るのも待ち遠しいとばかり、菊右衛門のそばへ駆け寄り、

「先ほどは何を言われたのか」

と尋ねました。

「あのことに付いて、

『お前は博打を打ちにどこへ行ったのだ』

と問われたので、だれだれの家へ参りました、と答えると、

『勝ったと見えるな、どれくらい勝ったか』

と聞かれたので、『一貫目（一千文）余りもあると思いますが、今朝から心配のため金銀も不要と思い、そのままに放ってありますので、どれ程有るかよく分かりません』と答えると、手を打って、

『さては勝ったぞ、金はいらぬと思うのも道理である。法を厳しく申し付けたのだから危ないことである。今朝のようなばかなまねをするのも、法を恐ろしく思うからであろう。それほど恐ろしく思うなら、今後は何事につけても法に背くな。すべて物ごとは良いことの次には悪いことがあるものぞ。勝った時にきっぱり止めよ。お前の身代ではこれは大勝ちである。この度は許すが、今後お前が博打に負けたと聞いたら処分するぞ。必ず博打を打つな。また、無益な物を買うな。金銀を遣い果たさぬようにせよ』

と、申されました」

菊右衛門は大いに感激して語ったのでした。

(4) 黒田長政―若侍を諭《さと》す

黒田長政の家臣林田左門は、剣術の名人として西国に名が通っていました。ある時、黒田家中の若者五、六人が寄り合って、話がたまたま武術のことになりました。若者の中の一人で、力も強く、血気に任せて何ごとも強いことを好む男が、

「武術は武士の努めるべき道ではあるが、必ずしもこれを習わなければ武道にならないという訳でもないであろう。一心さえ不動であるなら、例え武術は知らなくても、手柄を立てることは出来よう」

左門が聞いて、

「いかにもその方が申されることに一理はある。けれども、心が強く勇ましい上に武術が優れたなら、鬼に金棒であろう」

と言いました。

かの若武者は血気にはやっているので、

「いやいや、一心さえ動かなければ、例え木刀試合であっても無下《むげ》に劣るとは思えない。ちと試して見たいものだ」

と、挑戦的です。

左門は聞いて、

「それは良い心懸けである。いざ参ろう」

「心得たり」

と、はや座を立って庭へ飛び下り、辺りを見ると、庭木の添え木に結び付けた、長さ一・八メートルばかりの丸太を見付け、

「これで仕《つかまつ》ろう」

と言って引き抜き、土をふき取り、二つ三つ打ち振りました。

左門も座敷を立ち、見上げると、家の垂木《たるき》に小太刀があるのを見付け、取って庭に下り立ち、

「ずいぶん精を出し、何とぞ打ち込んで見られよ」

「言うまでもない」

と、かの丸太を打ち振って掛かる。左門も小太刀を鞘《さや》のまま持って、静々と寄って行き、太刀の間合いが届くほどになった時、若者は一打ちにと打って来るのを、左門は外して、飛び違いざまに、小太刀の鞘の先で若者の額を少し打って、

「参ったようだな」

と、声をかけました。

「いかにも太刀が当たったのが分かった。思ったより太刀が早い。なかなか相手にならぬようだ」

と言って、丸太を投げ捨てました。

武術の極意は早技にあるということを、この若者は知りませんでした。額を打たれた瞬間、その威力を知りました。同時に、自分の考えの至らなさをも、はっきりと知ったのです。

左門は、

「心残りなら、今一試合参ろうか」

と言うと、若者は、

「いやいや、とても相手にならぬ」

と、あきらめた様子です。左門が、

「今後は強情を張るのは止めなされ」

と言うと、若者は、

「なる程、心得ました」

と、素直に答えましたが、その場に居た人々は笑いました。

さて、若者の額はそのうちに少しはれ上がり、血もにじんで来ました。見かけは何でもない様子でしたが、内心はよほど恥ずかしく、無念でもあったようですが、やりようも無くその場を去りました。

黒田長政が夜話の時、右の一部始終を聞いて、さっそくかの若者を呼び出し、

「そちは、この間、左門と木刀試合をして、負けたと聞いたが、その通りか」

と尋ねました。若者は、

「御意《ぎょい》の通りです」

長政は、

「若い者にはなる程似合った良い心構えである。左門をも打ってやろうと思うのは、勇気の優れたところで、若者でその志が無いようでは、物の用に立つことは難しい。さてまた、そちが試合に負けても少しも恥ではない。その訳は、林田左門は武術の名人として、世間に認められた者である。その方は素人である。どのように戦っても勝つことはない。負けたのは道理である。


けれども、戦場での戦いでは、左門に負けない働きをするであろう。剣術が上手だからと言っても、合戦の時必ず勝つという訳ではない。武術が不得手でも、手柄を立てることは出来るので、このことは別に検討しなければならない。しかしながら、武術を修業しなければ、武士の家に生まれた道に背く。その方は左門に負けたことを気に懸けてはならぬ。上手は勝ち下手は負けることは、決まったことである。

このわしも昔、柳生但馬守《やぎゅうたじまのかみ》・匹田《ひきた》文五郎らに武術を習った時、強情を張って打たれたことが度々あった。しかし、そちもこれからは、左門の弟子となって武術を学ぶようにせよ。習えば必ず人に勝《まさ》るであろう。努めてけいこを怠らぬようにせよ」

かの若者は有難いことと感じ、涙を流しました。それからすぐに左門方に行き、右の事情を

話して師弟の約束をし、昼夜けいこに励むようになりました。

このことに関して、長政が、若者の心を傷付けることなく、武術を励むように導いたことを聞き伝えて、人々は、長政を君主の器である、とうわさしたと言うことです。

(5) 板倉勝重《かつしげ》―子重宗《しげむね》を戒める

板倉勝重が京都所司代を勤めていた時、子の重宗は、将軍秀忠の小姓を勤めていました。将軍が明年上京することになり、重宗も将軍の供をして上京するよう命ぜられました。それで、供の支度に必要な品を送るようにと、京に在る父勝重の家老どもへ申し送りました。しかし、秋の末までに一品も送って来ません。重宗は大変腹を立て、

「お供の支度に付いて、去る春のうちより度々申し遣わしたのに、今に一品も送って来ないのは不届き千万である。早々に送り届けよ」

と、厳しい催促を言い送りました。

ようよう十月の末になって、荷物一個が届きました。家臣どもが喜んで重宗の前へ出て、京都から荷物一個送られて来たことを告げると、重宗は、

「一個とは少ない、どのような荷物ぞ」

家臣が、

「六尺（一・八メートル）四方もあるような四角な箱です」

重宗が、そのままここへ持って来るように、と言い、二人で運んできたのを見て、

「合点の行かぬ物である。開けて見よ」

と、開けさせて見ると、竹の子の皮で作った大きな笠が一つだけです。皆々何のことか訳が分からず、呆然《ぼうぜん》とした様子です。しかし重宗には合点が行ったと見えて、笑って、

「下げよ」

と言いました。

その時、その場に谷三助という儒者が居合わせましたが、

「君には御合点と見える。あの笠は何の用に立つ物でござるか」

と尋ねました。重宗は、

「来年、御上京のお供に参る支度物を、春の内より京都へ申し遣わしたところ、伊賀守（勝重）の役人どもが今に一品も送って来ないので、早々送るようにと叱ってやりました。それについて伊賀守が指図して、送ってよこしたものと見えます」

と、説明しました。

その儒者はいよいよ不審に思って、

「お支度物とは理解し難い物だが」

重宗は笑って、

「あの笠をかぶって上を見るな、と言うことよ」

と言いました。父は重宗に、有り合わせの物でことを足せ、と戒めたのです。儒者は、

「親も親なら、子も子だ」

と言って、大いに感嘆したということです。

⑹　蜂須賀家政—孫を訓戒する

蜂須賀家政（蜂須賀小六正勝の子）は、豊臣秀吉に従って功名し、阿波（徳島県）一国の藩主となりました。家政の孫忠英《ただひで》は、幼少のころ家来を扱うのに厳し過ぎました。近習や守り役の者がこのことを家政に告げて、訓戒してくれるように頼み、家政もこれを承知しました。しかし家政は、しばらく日が経っても忠英を戒めようとしません。守り役はまた、家政に訓戒してくれるように勧めました。家政は前と同じように承知しました。それから久しく日がたちましたが、戒めることはありませんでした。

その後、家政が江戸へ行くことになった時、家政が住んでいる徳島城の西の丸に、忠英を招いてご馳走しました。時間が経って、座の雰囲気が最高潮に達した時、家政は軒下を歩きながら、家来に命じて犬を連れて来させました。犬は家政を見ると大変恐れて逃げ去りました。その後で家政は、手で粟《あわ》をつかんですずめを呼びました。家政が粟をまくと、すずめの群れが、家政の側近くまで来て粟をついばみました。家政は忠英を顧みて言うには、

「あの犬をわしは先日杖《つえ》でたたいた。それでわしを見て逃げたのだ。すずめは普段からえさをやって懐《なつ》けてあるので、一声かけると群がって来る。このことから考えると、臣下が主君に仕えるのもこれと同じである。情けをかければ懐き、権威を加えれば反抗する。その方もこのことをよく考えるように」

家政は、言葉で訓戒せず、実例を見せて訓戒したのです。最も分かり易い、最も効果のある方法で訓戒したのです。忠英は家政の教えに納得し、謹んで礼を言いました。

(7) 徳川家康―質素倹約

伊達政宗の家臣二人が、政宗の命を受けて徳川家康を訪ねた時のことです。二人の家臣は夜中に聚楽《じゅらく》（京都市）の伊達屋敷を馬で出発し、夜明け方に伏見（京都市）の徳川屋敷に着きました。家康は起きたばかりでしたが、二人を居間に通して、

「両人とも飯はまだじゃろう、一緒に食おう」

と言って、食事を出させました。（本文13(2)徳川家康―伊達政宗をかばう155ページ）

その食事は、麦の冷や飯に小ぬか汁（ぬかのみそ汁と思われる）、それに漬物だけの、極めて粗末なものでした。それを家康は実にうまそうに、茶わんに大盛りで三ばいも食べたのです。

加賀（石川県）藩主であった前田利家の四男利常は、慶長十（一六〇五）年、十三歳で藩主を継ぎました。利常があいさつのため江戸城へ参上した時、たまたま家康が廊下を通るのに出会いました。利常は廊下の片側に平伏して、何気なく前を通る家康の足を見て驚きました。素足であかぎれだらけ、血が吹き出ているところもあります。当時、家康は天下の征夷大将軍です。家康は、真冬でも足袋を履くことは少なく、その足袋も継ぎはぎだらけだったと言います。

家康は生涯にわたって、質素倹約、質実剛健を実践した人です。家臣にもそのことを勧めましたが、自身の実践が、家臣たちへの無言の教訓にもなりました。このような家康の性格を形成したもとは何か、を考えると、私（筆者）には三つ思い当たることがあります。

一つは、幼時の苦労です。自身も今川義元の人質となって苦労しましたが、徳川の領地の年貢を今川に取り上げられて収入の無くなった家臣たちは、自活のため田畑を耕してやっと命をつなぎました。幼い家康はその様子を目の前に見て心を痛めました。二つは、心ならずも仕えることになった、豊臣秀吉の華美好みに、心中強く反発するものがあったのではないかと思います。三つは、家康は熱心な読書家でしたが、特に「吾妻鏡《あづまかがみ》」を愛読しました。吾妻鏡に書かれた、鎌倉武士の質実剛健さに、家康は武士の本質、武士のあるべき姿を見たのではないかと思われます。

更に言えば、家康自身が健康体に生まれ、加えて、漢方薬を研究し、自分で製造して服用するなど、健康に心懸けたこと。また戦さの無い時は鷹狩りをして体を鍛えたことなど。それらによって体力が充実していたことが、質素倹約、質実剛健の実践を可能にするもとになった、と考えることも出来るのではないでしょうか。

(8) 〝小僧三か条〟の教訓

ある山寺の和尚が、里から一人の弟子を取って、小僧として召し使っていました。この小僧がある時、親の元へ逃げ帰って来て言うには、

「われらこのように頭を丸めて奉公するからには、何とぞお経も習い、一人前の僧になりたいと思い、今までずいぶん辛抱したけれども、師のご坊があまりに無理なことばかり申して叱るので、何とも我慢できず帰って来ました」

と、親に訴えました。親どもは聞いて、

「それほど迷惑するとは、どのようなことぞ」

小僧は、

「普段でも、これこそ当たり前と思うようなことは無く、中でも差し当たり迷惑なことが三か条あります。

第一には、師のご坊が、髪をそることを習え、と言って、ご坊の頭をそらせられましたが、われら習い初めなので、時々かみそりの先が頭へ入ることもあり、血など出ると大変叱られました。

第二には、味噌《みそ》をするのに、すりようが悪い、と言ってたたかれました。

第三には、用を足しに便所へ行けば、これまた、便所へ行くがけしからぬ、と叱られました。

このようなことで、一生勤まり申すものでしょうか」

親どもは話を聞いて、

「そのようなことがあっては、その方が居づらいのももっともである」

と、腹を立て、すぐに寺へ行き、和尚に会って様々に不平を申し立て、小僧を取り返す、と言いました。和尚は聞いて言うには、

「大体、僧の勤めは難しいものであるから、ご両親も何とぞ出家を遂げさせたいと願ってさえ、し遂げる者は少ないのに、まして、お身などのように、小僧が申すことを誠と思い、何のかのと小僧を弁護するようなことを言われるようでは、出家を遂げることは出来ないであろうから、望みのように小僧は親元へ帰すことにしよう。しかしながら、この寺を援助してくれている檀《だん》家《か》の皆さんの前もあるので、右三か条の言い訳を致しておきます。

まず、味噌のすりようが悪いとは、格別のことではなく、寺も一般の家庭も、味噌はすりこぎでするものですが、小僧めはしゃくしの背中ですったので、拙僧がたびたび注意しましたが、一向に聞き入れず、近ごろまでにしゃくしを三本もすり折りました」

と、膳《ぜん》のわきから折れたしゃくしを取り出して見せました。和尚は続けて、

「次に、便所へ行って用を足すのを叱った、と言うのは、これにも訳があるのです。あなた様もご存じの通り、例年代官衆が当村へ来られる時は、決まって当寺を宿にされるので、便所が遠くては不自由であろう、と、村の人々とも相談して、そのために客殿の近くに便所を作りました。代官衆を迎えるために作ったものなので、拙僧を始め、だれもこの便所へ行く者は無いのに、小僧めは一人勝手に使用するので、たびたび申し付けても少しも聞き入れません。

さてまた、髪をそることは、出家の勤めも同じですから、何とかしてその練習をさせようと、われらの頭を練習台にしてそらせるうち、やがてそり習い、このごろは自分の頭を自分でそる程になり、まして人の頭は手際よくそるので、今度、われらの頭をそらせたところ、わざとこのように致しました」

と言って、頭巾《ずきん》を取り除いた所を見ると、何十か所も切り傷があり、頭には血止めを付け、傷薬を塗り付けています、小僧の親はこれを見て、手を打って大変驚き、当惑し、段々のわび言を尽くしたと言うことです。

徳川家康は、右の〝小僧三か条〟の話を、一方的に話を聞いて判断することの危険を示す例話、として、家老たちに聞かせ、諸役を勤めるすべての者の戒めとするように諭《さと》した、と言わ

れています。

また、京都所司代を勤めた板倉勝重も、その子重宗に所司代の職を譲る時、この〝小僧三か条〟の話を聞かせて戒めたと言うことです。

17 知恵の働き

困難な場面に行き当たった時、それを切り抜けるには、知恵を働かせなければなりません。武士は、どのような場面でどのように知恵を働かせて来たか、を見ることにします。

(1) 太田道灌―将軍の猿を仕付ける

太田道灌が京都へ上った時、将軍足利義政が、道灌に供応したいと言って来ました。道灌はかねて、義政が猿を飼っていて、見知らぬ人が猿の側《そば》を通ると必ず引っかく、ということを伝え聞いていました。

これは将軍義政の悪い趣味でした。義政は、猿に引っかかれた者があわてる姿を眺めて、楽しんでいたのです。天下の将軍が、招待した客を猿に引っかかせて、それを陰で見て楽しんでいる。全くあきれた将軍です。

道灌は一計を案じ、猿の世話係に賄賂《わいろ》を贈って秘《ひそ》かに猿を借り、旅館の庭につないで置きました。そして、将軍御所へ参上する装束《しょうぞく》を着て猿の側を通ると、思った通り猿が飛びかかりました。道灌はむちで思う存分猿を打ち据えたので、後には猿は頭を垂れて恐れました。道灌は猿の世話係に謝礼をして猿を返しました。

供応の日になりました。将軍義政は、前もって猿を道灌の通る所につないで置いて、道灌の振る舞いを見ようと待っていました。ところが例の猿は、道灌の姿を見るや否や地面に平伏したのです。道灌は何事もなかったように、装束を直し整えて通り過ぎました。

義政はこの様子を見て大変驚き、道灌は尋常の人ではない、と言ったということです。

(2)　木下藤吉郎―清洲《きよす》城の石垣修理

木下藤吉郎（豊臣秀吉）が、織田信長に仕えて一年ほど経ったころのことです。信長の居城清洲城の石垣が百間《けん》（百八十メートル）ばかり崩れたので、修理することになりました。普請《ふしん》奉行（土木・建築担当）が指図して修理に当たりましたが、二十日余り経っても工事がはかどりません。

藤吉郎は、信長の供をして城下を通った時、この様子を見て独り言を言いました。

「今は戦国で四方は敵地だ。いつどこから攻めて来るかも知れぬのに、工事がこのように延びるとは不都合だ」

信長がそれを聞いて、

「猿めは何を言うぞ」

と問いました。藤吉郎は左右の者に遠慮して答え兼ねていると、信長が強いて問うので、止むなく独り言した通りのことを言いました。

信長は聞いて、

「それでは、お前に普請奉行を申し付けるぞ。急いで取り掛かれ」

と言って、藤吉郎を重臣たちに引き合わせ、石垣修理の指図を藤吉郎にやらせることを一同承知しました。

藤吉郎はすぐに人夫を集め、信長の許しを得て酒食を与え、人夫を十組に分け、一組に十間ずつの仕事を割り当てて、作業に取り掛からせました。藤吉郎自身も現場を回って励まし指図したので、百間ばかりの石垣がわずか二日で完成しました。

信長はその日、鷹狩りの帰りに、完成された石垣を見て大変驚き、且つ深く感じ、藤吉郎を役人に取り立て、俸禄《ほうろく》（給料）を与えることにしました。

(3) 木下藤吉郎—墨股《すのまた》城を築く

織田信長は、桶狭間《おけはざま》で今川義元を討った後、次の目標を、西隣りの美濃（岐阜県）を攻め取ることにしました。当時、美濃の国守は斎藤竜興《たつおき》（斎藤道三《どうさん》の孫）で、難攻不落と言われた稲《いな》葉山《ばやま》城（岐阜市）に居ました。信長はたびたび兵を出して稲葉山城を攻めましたが、失敗の繰り返しでした。

この経験から信長が考えたことは、尾張と美濃の国境に近い墨股に拠点を構えることでした。墨股に織田軍の拠点を作れば、稲葉山城を攻めることは容易になります。

そこで信長は、佐久間信盛《のぶもり》に命じて、墨股に城を築かせることにしました。墨股は長良《ながら》川の西側にあり、当時は斎藤方の勢力範囲でした。そのため、築城最中にたびたび斎藤勢の襲撃を受けました。また、墨股は長良川に近い低湿地でしたから、工事は大変困難でありました。佐久間信盛は築城の目途《めど》が立たず、あきらめて尾張へ引き揚げました。

そこで信長は、織田家の筆頭家老である柴田勝家に墨股築城を命じました。しかし、勝家もまた築城途中で、斎藤勢の粘り強い攻撃に妨げられ、目的を達することが出来ませんでした。そのような状況から信長は、墨股築城は武力一辺倒では成功しない、と考えるようになりました。信長の頭に浮かんだのは、蜂須賀小六・前野勝右衛門《しょうえもん》らの、川並衆《かわなみ》と呼ばれる人々でした。墨股築城を成功させるには、この川並衆の力を借りる必要がある、と、信長は考えるようになったのです。

川並衆というのは、木曽川筋に勢力を張る野武士の集団で、戦さがあると雇われ兵として働いていました。彼らは主《あるじ》に仕えることを嫌い、自由奔放な生活を楽しんでいました。

ところで、木下藤吉郎は、かつて各地を放浪していた若い時分に、蜂須賀小六のもとで生活したことがあり、その後信長に仕えた後も、何回か小六に会う機会がありました。信長は、川並衆に連絡を取れるのは、木下藤吉郎以外にない、と考えました。そこで信長は藤吉郎に、川並衆への協力依頼も含めて、墨股築城を命じました。永禄九（一五六六）年のことです。

藤吉郎は弟小一郎（豊臣秀長）を伴って、蜂須賀小六の屋敷を訪ねました。そして、深く頭を下げて、墨股築城への協力を頼みました。墨股築城はすでに佐久間信盛が失敗し、続いて柴田勝家が失敗しています。何しろ敵地に城を築くのです。敵は必死にそれを妨害しようと待ち構えているのです。小六にとってもたやすく引き受けられることではありません。

藤吉郎は小六を説得するのに真剣でした。もし、小六たちの協力が得られなければ、佐久間・柴田と同じように失敗することは間違いありません。藤吉郎は知恵をしぼって、小六説得に長々としゃべり続けましたが、やがて続ける言葉が無くなりました。しかし、小六は何の返事もせず、黙って聞いているだけです。

その時、小一郎が静かに口をひらきました。

「私のような下僕《げぼく》の者が、差し出がましいことを申しますが、この度、兄藤吉郎が墨股築城をお受け致した上は、成し遂げられないときは命は無いものと覚悟を決め、お頼み申す次第……」

小一郎は無口で飾り気のない、義理堅い人柄です。小一郎が誠意を込めて静かに話す頼みの言葉は、小六の義侠心《ぎきょうしん》を刺激しました。小六は、藤吉郎・小一郎の話を聞きながら、築城の可能性を頭の中で探っていたのです。そして、どうやらその可能性を見付けたようです。しばらくして小六が、

「墨股のこと、お引き受け申す」

小六の一言で、先程までの座の沈痛な空気は、一転して歓喜の渦に包まれました。

その喜びの中で、蜂須賀家の持て成しとして、粟《あわ》がゆの食膳《しょくぜん》が用意され、一同は夜の更けるのも知らず歓談し、その夜は、藤吉郎・小一郎共に蜂須賀屋敷に泊まりました。

蜂須賀小六は、木曽川上流の材木伐採を仕事にしている山方衆《やまかた》と、その材木を木曽川を流して運送する川並衆《かわなみ》との、両方の頭領でした。川並衆には船大工の頭領が大勢居て、大工道具を作る鍛冶《かじ》師、釘《くぎ》やかすがいなどを作る鋳物《いもの》師とも結び付いていました。小六は、それらの人々を総動員して、墨股築城に当たらせることにしたのです。

ところで、築城するについて、先の佐久間・柴田の失敗を繰り返さないためには、築城準備

の様子を斎藤方に気付かれないように、秘密のうちにことを運ぶ必要があります。

その当時信長は、北伊勢（三重県）をも領地にしようと工作していました。そのことを利用して、北伊勢に砦《とりで》を築くためと偽って、墨股から遠く離れた、木曽川上流の木材を切り出すことにしました。その辺りに製材所を作り、築城の設計に従って木を切りそろえ、墨股へ運べばすぐ組み立てられるように材木を整えました。

材木はそれぞれ、城郭用・櫓《やぐら》用・長屋用・塀用・馬防柵《ばぼうさく》用に分けられました。作業に当たったのは、織田家から送られて来た清洲地方の大工と、蜂須賀配下の人々でした。

その年の七月、用材がそろうのを待って、川並衆を中心にした人々によって筏《いかだ》に組まれました。筏は夜中に出発し、木曽川の川面《かわも》を埋めて流され、翌日昼ごろ、墨股に近い川岸に陸揚げされました。当時は、木曽川の分流が、墨股の東側を流れる長良川に続いていたので、墨股近くまで運ぶことが出来たのです。

墨股ではそれぞれの作業分担に従って、昼夜兼行の築城作業が始まりました。すべての作業を急がなければなりませんが、特に、斎藤勢の来襲に備えて、馬防柵の作業が急がれます。高さ一・八メートルの小柱を立て並べ、横木を四段に取り付け、藤づるや麻縄で結びつけるのです。その柵を二重に作りました。

矢と鉄砲弾を防ぐため、付近の村々から俵とむしろを高値で買い取ったので、俵とむしろは山のように集まりました。これを積んで敵の矢弾を防ぐのです。

築城作業はやがて斎藤方に知られ、二時間もすると、斎藤方の騎馬隊が攻め寄せて来ました。木下方は、馬防柵の近くまで斎藤勢を引き付けておいて、積み上げた俵とむしろの陰から、鉄砲を乱射させて撃退しました。

斎藤勢はそれからも、毎日のように攻撃を仕掛けて来ましたが、木下方の巧みな防戦に打ち勝つことは出来ませんでした。そのうちに、墨股城は城の姿を整えて行きました。城が完成すると、信長は藤吉郎に三千の兵を預けて、墨股城の守備を命じました。

(4) 山中鹿之介―盗賊を懲らしめる

出雲《いずも》（島根県）の尼子氏が滅び、尼子の家臣山中鹿之介は主家を再興しようと思い、巡礼の姿になって、甲斐《かい》（山梨県）の武田、越後（新潟県）の上杉、相模《さがみ》（神奈川県）の北条などの家の風格と、武士の気風を見て回りました。さらに越前（福井県）へ回り、朝倉の家風を見て、時節の来るのを待ちながら旅を続けていました。

近江の番場《ばんば》（滋賀県）に行き着いた時のこと、日暮れになり雨が降り出したが、宿を借りる家もありません。どうしようかと、一本の木の陰にたたずむと、ここにもはや、老法師と若い修行僧の二人が雨を避けて休んでいました。鹿之介は巡礼の身なりだったので、老法師が、

「修行者は一人旅ですか、雨が降り出したが、お急ぎでなかったら、今夜はわが庵室に泊まって旅の疲れを休めなされ」

と、声を掛けてくれました。鹿之介は大変喜んで、

「ともかくも、お言葉に従いましょう」

と、老法師に付いて庵室へ行きました。庵室には修行者・下男が二、三人居ました。

やがて鹿之介を招き入れ、

「そもそも御身は、どこからどちらへ向けて出立《しゅったつ》されたのですか、本国はどこですか」

と問います。鹿之介は、

「私は人数《ひとかず》に入る程の者ではありません。名乗ってもご存じないと思いますので、わざと名は申しません。国は出雲で、分相応の奉公をしたいと思い立って、国々を回っているところです」

と答えました。老法師はうなずいて、鹿之介がいかにも普通の人には見えなかったので、

「それではここに滞在して、美濃（岐阜県）・尾張（愛知県）の大将らの家に縁を求めなされ」

と、親切に言ってくれました。

鹿之介は、渡りに舟を得た心地がして、一日二日過ごすうちに、だれかは知らず、鎧を着た武士が十余人、庵室の門をたたき、主《あるじ》に物申したい、と言うので、修行僧が一人出て「何ごとか」と問うと、武士は、

「われらは尾張の何某《なにがし》の配下の者だが、戦さ場で働いて疲れ、そのうえ飯が欲しくなってやって来た。どこでもよいからしばらく休息させ、飯でもかゆでも出してくれ」

と、大声で言いながら、一同でサッと入って来ました。庵室の者は皆、恐れて音も立てません。鹿之介が出て、彼らに向かい、

「お前たちは戦さ場を逃げてきた者か、そうでなければ盗人であろう。この庵室は僧の隠れ家で、軍勢だれかれの立ち入りを禁止されていることは、美濃・尾張の武士は皆よく知っている。立ち入ることとさえ許されぬ者に、飯やかゆを出すことがあろうか。早く出て行け、出て行かぬならやりようがある」

と言って、庭の立て石の、背丈ほどもあるのをサッと引き倒し、それに腰を掛けて相手をにらみつけました。武士どもは初めの勢いに似ず、

「ああ間違った、許されよ。余りにひどく疲れて庵室を見間違えた。さらば……」

と、皆走り出て、行方が分からなくなりました。老法師を始め一同大変喜びました。

ところがその夜、あの武士たちは再びやってきました。二手に分かれて庵室の前後から押し入って来たのです。鹿之介は、かねてこのようなこともあろうかと思い、寝ずに居たので、すぐに法師らを一所に忍ばせ、自分は戸口の内の床板をはぎ上げ、押し入ったら落ちるように構えて待っていました。表から来た者は皆、簡単に落とし穴に落ちて、手足をもがくのを、そのまま上に床板を敷き並べて、その上に重しを置きました。

裏手へ回って見ると、窓の戸を引きはずし、そこから入ろうと構えています。鹿之介は見て、窓の陰にそっと身を潜め様子をうかがっていました。武士たちはそれに気付かず、小高い窓に手を掛け、伸び上がって飛び降りる所を、針金のわなに引っ掛けて傍らの柱にしばり付け、六人全員を生け捕りました。

また表へ回って、床板の重しをのけるのに、裏手へ回った同僚が助けに来たように見せかけたので、床の下からオメオメとはい出て来るのを、「こっちへ来い」と言いながら、わなを首に引っ掛け、八人を皆からめ捕りました。

そして、一人一人厳しく問いただすと、この者たちはこの辺の野武士で、追いはぎ強盗をして世を渡る者どもである、と分かりました。一々首をはねるべきですが、庵室の仏も照覧されている所で、人の命を断つべきではない、と思い直して、主の老法師に、

「どうしたらよろしいか」

と問うと、

「許し給え」

と、もみ手をして言います。

「それでは放してやろう」

と、わなを解き、

「思うように出て行け」

と、言うと、首領と見える男が鹿之介に、

「某《それがし》は生まれ付きの盗人ではござらぬ。ただ一日の命を過ごし難く、このような浅ましい行いを致しておる。さて、盗みに入ったこと百余度、大小の戦い七十余回、いまだ今夜のような危ない目に会ったことは無い。そもそも貴殿は何人《なんぴと》でござるか、御名字をこそお聞き致したい。けれども今、某などに向かっては名乗られないであろう。天晴れ貴殿がどこかで志を立てられた時、馳せ参ずるために、せめて印ばかり知らせ給え」

と言う。鹿之介は聞いて、

「こやつ何を言うか、この庵室の居候として世を過ごすわれらが、何の志を立てようか、早く行け」

と言ったので、野武士どもは、名残り惜しそうに、見返りながら立ち去りました。

それから老法師らも、鹿之介をいよいよ頼もしく思い、誠意をもって交わっていましたが、鹿之介は、このことが四方に聞こえて、出雲の浪人と言うことから山中鹿之介と気付く者があったら煩わしい、と考え、鹿之介はやがてこの庵室を立ち去りました。

(5) 石田三成—米俵で堤防を修理する

ある年の梅雨期に、長雨が降り続いたため淀川の堤防が決壊しました。付近の農村地帯は言うまでもなく、やがて大坂の町も水浸しになろうとしていました。諸将たちも残らず出て、土俵を積んで堤防の修理に当たりましたが、急なため土俵作りが間に合いません。雨はいよいよ強く降り、水かさは増すばかりです。

一同思案にくれている時、石田三成はただ一騎、堤防の決壊箇所を調べ、やがて戻って来ると、近くにある米倉を開かせました。そして、人夫たちを指図して米俵を運び出し、堤防の決壊箇所を数千俵の米俵で補修したのです。これで洪水はせき止められ、大坂の町も水害を受けることなく無事でした。

やがて雨が上がると三成は、付近の農村一帯に触れを出しました。

「土の俵を念入りにこしらえて、堤の決壊した所へ持って行き、奉行の指図で米俵と積み替えよ。土俵は一人で幾らこしらえてもよい。積み替えた米俵は持ち帰ってよい」

農民たちは驚き喜び、夢中になって土俵を作り、一両日の間に決壊箇所をふさぎ直しました。堤は以前にも増して堅固なものになりました。

当時の農民たちは、白い米を食べることはめったに無かったのです。米俵の中の米は水に濡れてはいましたが、洗って干せば十分食える状態でした。農民たちは喜んで、土俵と交換した米俵を担いで家に帰ったのです。

(6) 加藤清正―危急の場の武略

九州天草志岐《あまくさしき》の乱の時のことです。天草の地侍たちが新領主の小西行長に反抗し、行長は苦戦に陥りました。それで、行長の領地と隣り合わせの熊本城主加藤清正は、行長を応援するために志岐へ駆け付けました。清正の戦さの仕方は、後方で采配《さいはい》を振るうというのではなく、いつも兵士と共に前線で戦うのが習わしでした。

志岐城に攻め掛かった清正を迎えたのは、当時天草随一の猛将、と言われた木山弾正《だんじょう》でした。木山は弓に矢をつがえて清正に向かい、名乗りを挙げて、

「天草鍛治《かじ》の鍛えた矢じり一つ参らせる」

と、弓を引き絞って、今にも放つ構えです。清正が少しでも動けば、矢は清正の巨体を貫いたに違いありません。

清正はとっさに叫びました。

「待たれよ、大将同士の勝負に飛び道具は面白からず、太刀にて決しようぞ!」

と、言うや否や、手にしていた槍を投げ捨てました。それを見た木山は、

「心得たり!」

と、構えていた弓矢を捨て、太刀を手にして清正の前へ出ました。

ここで二人は太刀で斬り合うかと思うと、そうではなかったのです。清正は投げ出した槍を拾い上げるなり、一気に木山に突いて掛かりました。

「たばかりおったな、この卑怯者《ひきようもの》め!」

と、木山は激怒しましたが、清正は木山を槍で突き刺し、その勢いで谷底目がけて放り投げ、即死させました。

危急の場に直面した清正の頭脳にひらめいた武略は、敵をたばかって勝つことでした。この場面では、それ以外に木山に勝つ方法はなかったのです。

(7) 後藤又兵衛―戦況を予測する

朝鮮の陣に、後藤又兵衛基次《もとつぐ》は黒田長政に従って出陣しました。ある時、長政は又兵衛を物《もの》見《み》(斥候)に出しました。又兵衛が馬を駆けさせて行くと、その道に一つの川がありました。又兵衛は、その川を渡って敵陣の近くまで行こうとしましたが、日本の馬の沓《くつ》が川上より流れて来たのを見て、すぐ引き返し長政の前に出て、

「味方の人々がはや川を越したと思われるので、敵陣近く行く必要もないと考え立ち帰りました。早く軍勢を進め給え」

と進言しました。長政はその報告を聞き、馬の沓のことを聞いて、大いに喜び、

「又兵衛の巧者は今に始まったことではないが、機敏な物見の仕方である」

と言って、軍勢を進めました。

この戦いで、黒田勢の先頭は山の端を回りました。先頭が敵と戦って鬨《とき》の声を挙げるのを、本陣に居た又兵衛が聞いて、

「先頭の戦いは味方が負けた」

と言いました。長政が聞いて、

「その方はここに在りながら、味方が負けたとは、どうして分かるぞ」

「味方の鬨の声が次第に近く聞こえるのは、きっと負けて引き取ると思われます。勝ち戦さなら先へ進んで鬨を挙げるので、次第に遠くなるものです」

と言ううちに、味方の敗れた兵どもが、朱《あけ》に染まって段々に本陣へ帰って来ました。人々は、

「又兵衛の推察するところ神の如し」

と、賞しました。

この戦いで、敵陣が見えない所で、長政が言うには、

「遥か向こうに馬煙《うまけむり》（馬が駆けて立てる土煙）がひどく上がっているが、戦さの勝ち負けはどうなっているのか」

又兵衛が馬煙を見て、

「敵が打ち負けて引き取ると見えます。その訳は、敵が進んで来る時の馬煙は、こちらへ近付くので黒く見え、逃げる敵の馬煙は、遠くなるので白く見えるものです。今見えるのは白んでいるので、敵の敗北と見えます」

又兵衛のことばは少しも違わず、敵の敗軍でした。

(8) 直江兼続《なおえかねつぐ》―冥土《めいど》へ使いを送る

直江兼続は、越後（新潟県）藩主上杉景勝《かげかつ》の家老でした。上杉の家臣に三宝寺勝三《さんぽうじしょうぞう》という者

が居ました。ある時勝三が、ふとしたことから下人を手討ちにしました。下人の罪は手討ちにする程のものではなかったので、下人の一族が怒って直江兼続の所へ、下人を生かして返すように、と訴えて来ました。

兼続はこれを取り成そうと、白銀二十枚を与えて、これで我慢して死者を弔《とむら》うように諭《さと》しました。しかし、下人の一族は納得せず、是非返して欲しいと言います。兼続はなおも、

「死者を呼び返すことは出来ぬではないか。不満だろうが、銀子を受け取ってあきらめよ」

と、繰り返し諭しましたが、どうしても承知しません。

そこで兼続は止むを得ず、家臣に命じて高札を作らせて一筆書かせ、その上でなお念を入れて下人の一族を諭しましたが、まったく聞き入れようとはしませんでした。兼続は、この上は致し方ない、と思って、

「それでは呼び返してやろう。しかし、冥土まで呼びに行かせる者がいない。ご苦労だが、その者の兄と伯父、それに甥《おい》の三人で閻魔《えんま》の庁へ行き、その者を申し受けて参れ」

と言ってその三人を捕らえ、人通りの多い橋のたもとで成敗し、家来に作らせてあった高札を立てました。高札には次のように書かれていました。

いまだお目にかかりませんが、一筆申し上げます。三宝寺勝三の家来何某《なにがし》、思いがけないことで果てました。親類どもが嘆いて、呼び返してくれるように申します。そこで三人の者を迎えに遣わします。どうぞその死人をお返しください。恐れながら謹んで申し上げます。

慶長二年二月七日

直江山城守兼続　㊞

閻魔王様

　地獄の役人へよろしくお伝えください

あくまでも死んだ下人を生かして返してくれ、と言い張る下人の一族は、直江兼続に実現不可能な無理難題を迫りました。兼続は下人の一族に同情しながらも、それが不可能であることを諭しましたが、全く応ずる気配がありません。そこで兼続が知恵をしぼって考え出したのが、下人の一族を冥土へ使者として送る、という奇抜な方法でした。ただ成敗するのではなく、冥土への使者としての役目を与えて斬ったのです。冥土への使いは死んだ者にしか勤まらない役目だからです。

　しかし、冥土へ使者を送って死人を取り戻すということは、もちろん全く不可能なことです。下人一族の実現不可能な要求に、直江兼続もまた、実現不可能な方法で応《こた》えたのです。

⑼　東軍武将の妻子―大坂脱出作戦

加藤清正夫人（側室で後の清浄院《せいじょういん》）と、その子虎藤丸《とらふじ》（後の忠広）は、加藤家の大坂屋敷に住んでいました。関ヶ原合戦が近付くと石田三成は、大坂屋敷に居る東軍武将の妻子を、人質として大坂城へ入れようとしました。

　清正から大坂留守居役を命じられていた大木《おおき》土佐らは、策を巡らせて、清正夫人と虎藤丸の脱出を計画しました。まず、虎藤丸とよく似た顔の子を探し出し、屋敷へ連れて来て、虎藤丸とその子の着物を取り替えさせ、髪型もその子に似せて直し、その子が帰るように見せかけて連れ出しました。

一方、清正の船奉行梶原助兵衛は、大坂の河口に詰め所を置いて、毎日屋敷から詰め所へ通っていました。大木土佐はこの梶原と相談し、密《ひそ》かに夫人脱出計画を練りました。梶原にくちなしの煎《せん》じ汁（利尿剤《りにようざい》、これを飲むと再々尿意を催し睡眠を妨げる）を多量に飲ませ、四、五夜眠らせずに置いて、衰弱し疲労しきって重病人のようになった梶原をかごに乗せ、毎日屋敷と詰め所の間を往復しました。梶原はいかにも重病人らしく、かごに乗ると、厚い綿の入った夜着を後ろに打ち掛けて、ぐったりとそれに寄り掛かります。

こうすること十日余り。警固の兵がかごの出入りに慣れて、油断したころを見計らい、細《ほ》っそりと小柄な体つきの夫人をかごの中に潜ませ、その上から綿入れの夜着を打ち掛け、いつもの通り梶原がぐったりとそれに寄り掛かりました。

大木土佐は、夫人脱出がうまく成功するかどうか心配でたまらず、門内の物陰で耳を澄まし、もし見とがめられ発見された時は、夫人を刺し殺し自分も斬り死にする覚悟でした。だが幸い見とがめられることなく、河口に着きました。

そこで、夫人と子息虎藤丸を小船の底に隠し、上に荷物を置き、船番所の目をごまかして大坂を脱出し、海上で待ち受けていた大船に乗り移って九州へ向かいました。瀬戸内海を横切り、九州の中津港（大分県）で、一たん黒田官兵衛の保護を受けた後、黒田から護衛の武士を付けられて、無事清正の領地熊本へ帰り着くことが出来ました。

黒田長政の母幸園《こうえん》と妻女ねねも、家臣の努力で大坂屋敷を脱出することが出来ました。

各大名の妻子を大坂城へ移すように、との情報は、大坂城内に居た黒田家の縁者から、事前に黒田家へ知らされていました。長政の家臣らは相談して、黒田家へ出入りしている納屋《なや》小左衛門という商人の家に、幸園とねねの二人をかくまってもらうよう、すでに手配済みでした。

けれども、二人の身を移そうとした時、大坂方の監視人がすでに黒田屋敷を遠巻きにしていました。そこで黒田家では夜を待って、屋敷の裏手にある風呂《ふろ》の壁に穴を開け、幸園とねねをそれぞれ米俵に入れて外へ出し、それを二つのかごに入れて、商人に変装した母里太兵衛が天びん棒で担ぎ、納屋小左衛門の家へ運びました。納屋の家では二人を蔵に住まわせ、食事も納屋夫妻が運びました。

幸園とねねが黒田屋敷を出た後、黒田屋敷は五十人の騎馬武者と、六百人余りの大坂方の兵士に取り囲まれました。兵士は二百挺《ちょう》の鉄砲を持っていました。大坂方は二人の妻室の居場所を聞き、黒田家の家老が、

「二人とも屋敷内に居ります」

と答えると、大坂方から、幸園とねねの顔見知りという二人の女性が、確認のために黒田屋敷へ遣わされました。

黒田家では取り急ぎ、幸園とねねに似た侍女を選び出し、ねねの方は病気と称して蚊帳《かや》の中に入れ、大坂方から来た二人の女性には一部屋間隔を置いて見させました。幸い大坂方の女性は、幸園もねねも若いころの顔しか知らなかったので納得しました。そして、

「御妻室は二人とも屋敷に居りました」

と、大坂方へ報告したので、黒田家は無事でした。

そうこうしているうちに、中津（大分県）の黒田官兵衛が遣わした迎えの船が大坂湾へやって来ました。だが大坂方は、川にも港にも軍船や早船を置き、百人余りの武装した兵士を警戒に当たらせて、女の通行は特に厳しく取り締まっていました。それで、なかなか二人を船に運ぶことが出来ませんでした。

黒田方が思案に暮れていたところ、七月十七日のこと、突然、玉造の空に火の手が上がりました。

「火事だ！」

川の番船も警備の兵たちも、先を争って玉造へ向かいました。そのため川の見張りが手薄になりました。

「今だ！」

黒田方は大急ぎで幸園とねねを大きな木箱に詰めると、裏の川の小船に乗せ、途中の監視の目をくぐり抜けて、大坂湾で待つ迎えの船に無事運び込みました。

玉造の火事は、大坂方の人質となるのを拒んで死んだ細川ガラシャの、細川屋敷を焼く炎でした。幸園とねねは、偶然にもガラシャの死に救われることになったのです。七月二十九日、幸園とねねは無事、中津に着くことが出来ました。

⑽　小早川隆景―深謀遠慮《しんぼうえんりょ》

毛利輝元は、居城広島の地形が低く、守り難く攻められ易いので、山の小高い所に城を築いて移ろうと考えました。家老たちを集めて評議し、このことを叔父である小早川隆景に相談しました。

隆景は、

「ただ今の城は良くない。けれども城は国の安危にかかわることであるから、築城するかどうかは大事な決断である。黒田官兵衛はそのようなことに詳しいので、相談してみよう」

と、答えました。

黒田官兵衛は中津（大分県）の城主でしたので、大坂から領国へ帰るついでに広島城を見てもらいました。官兵衛は城を見て要害が悪いとは思いながら、毛利輝元は八か国を領する大名なので、もし毛利が秀吉に反逆の心を起こし、城に立てこもるようなことになれば、要害のよい城では秀吉のために悪いことになるだろう、と考え、

「この要害は差し支えない。今どき城を改築されるのも非常な苦労なので、ただこのままで何の心配がありましょうや」

と、言いました。

隆景は官兵衛のこの言葉を輝元に告げて、城を改築することを止めさせました。

その後、秀吉が九州へ向かう時、広島城を見て、

「この城は地形が低くて要害が悪い。水攻めにすればたちまち落城するだろう」

と、評しました。

輝元はこれを聞いて隆景を恨みました。隆景は輝元が恨んでいると聞いて、

「要害の悪いことが毛利家安泰の計略である。その訳は、毛利家の領国が多過ぎるので、何か

のはずみで秀吉が毛利家を警戒するような事態が起こるかも知れない。そのような時でも、この城の要害が悪く籠城《ろうじょう》し難いと考え、秀吉が気遣いしないのが当家安全の基である。

黒田官兵衛は秀吉の近臣なので、要害の悪いところを見せて安心させたのである。官兵衛はきっと、要害が悪いと知りながら、秀吉のためを思ってこのままでよい、と申すであろうと自分は推量したので、わざと官兵衛に見せたのだ。

もしまた、毛利家に不意の変が起こって、籠城しなければならない事態になれば、領国の内に要害のよい所は数多くあるので、広島の城が悪くてもこと欠くことはない。ただ、秀吉より心安く思われるのが何より良い城である」

と、自分の考えることを説明しました。これを聞いた人は皆、隆景の深謀遠慮に改めて感嘆しました。

⑾　板倉勝重―町奉行と所司代

徳川家康が浜松城から駿府《すんぷ》城（静岡市）へ移った時のことです。家康は多くの家臣の中から板倉勝重を選んで、駿府の町奉行を命じました。勝重は、その任務の重さに堪えられない、と言って固く辞退しました。けれども家康は、辞退を許そうとしません。勝重は、

「それでは宿所に帰り、妻と相談してご返事申し上げたい」

と言いますと、家康は笑って、

「そうであろう、帰ってよく相談致せ」

と、許しました。

妻は勝重の帰りを迎えて、

「喜ぶことがある、と知らせてくれる人がありました。どのような幸せでございましょう」

と言いましたが、勝重は物も言わず、少し意味ありげな態度で、衣服を脱ぎ捨て座に直って妻に向かい、

「さて、今日御前に召されたのは外のことではない。このたび駿府へご座所を移されるについて、その町の奉行をやれと仰せられた。とても出来ることではない、と申して辞退したが、お許しがない。それで、わが家に帰り妻に相談したい、と申し上げて帰って来た。さて、そなたはどう思うか」

妻は聞いて大変驚き、

「つまらぬ私ごとなどならば、夫婦で相談するということもありましょうが、公《おおやけ》のことでどうしてそのように申されるのでしょう。ましてこれは仰せ下されることです。殊にその職に堪えるか堪えないかは、あなた様のお心にこそあるのですから、私がどうして知りましょうか」

妻は、勝重の考えていることが分からない様子です。勝重は、

「いやいや、わしがこの職に堪えるか堪えないかは、わが心一つだけではない。そなたの心によることぞ。心を静めてよく聞けよ。昔より今に至るまで、外国にも日本にも、奉行や頭立《かしら》つ者でその身を失いその家を滅ぼさない者は少ない。そのもとは、あるいは縁によって訴えを断ずるのに公平を欠き、あるいは賄賂《わいろ》によって道理を曲げることにある。これらの災いは多く婦人より起こるのである。

わしがもしこの職に就いたなら、親しい人の依頼であっても訴訟の取り持ちはしないか、少

しの贈り物を持って来ても受けないか、それらのことを始めとして、勝重の身の上にどんな不思議なことがあっても差し出口は言わない、と、固く誓いをしない限り、わしはこの職を受けることは出来ぬ。それ故にこそ、そなたと相談すると申したのだ」

妻はつくづくと聞いて、

「誠におっしゃることは道理でございます。私はどんな誓いでも致します。早く参ってお受けなされませ」

勝重は大いに喜んで、妻に神仏にかけて堅い誓いを立てさせて、この上は思い置くことは無い、それでは参ろう、と衣装を整えて出るところに、はかまの後ろの腰の部分をねじっています。妻は勝重の後ろを見て、

「はかまの後ろの着付けがよくありません」

と言って立ち寄り、直そうとしました。

勝重は、妻のことばを聞き終わらぬうちに、

「それだからこそ、わが妻に相談しようとしたことは、間違ってはいなかった。勝重の身の上に、どのような不思議なことがあっても差し出口はしない、と誓ったのはたった今のことぞ。はや忘れたのか。このようなことでは、勝重、奉行の職を承ることは到底できぬ」

と言って、また衣装を脱ぎ捨てようとしました。

妻は大いに驚き、後悔して、様々に過ちをわびました。

それで勝重も、

「それならば、その言葉いつまでも忘れるな」

と言って家を出ました。

家康は勝重を見て、

「どうであったか、その方の妻は何と言ったぞ」

と問うので、勝重は、

「妻も謹んで承るよう申しました」

家康は、

「そうであろう」

と言って、大いに笑いました。

家康には、勝重夫妻の真剣な言葉のやり取りは知る由もなかったのですが、家康の人を目利きする力、人を見る目は確かでした。


勝重が衣装を着た時、妻が、はかまの後ろをねじっているのを見て直そうとすると、勝重は、「勝重の身の上にどのような不思議なことがあっても差し出口はしない」との誓いを破った、と言って妻を叱りました。一般的に考えると、これは差し出口とは思えません。勝重がそれをあえて指し出口と断じたのはどうしてでしょうか。

恐らく勝重の心の内には、奉行という大役を引き受けるに当たって、自分の信念に基づいて職務を執行しなければならない、という強い覚悟があり、その覚悟を徹底させるためには、妻の、勤めに関する一切の関与を絶ち切らねばならない、と決心した結果、他の者には差し出口と思えないことまでも勝重はとがめたのです。これは、勝重独特の徹底した考え方と理解しなければならないと思います。

勝重は後に、京都所司代という、幕府内で老中に次ぐ要職に付き、人々から名所司代と評判されるのですが、その基は、勝重の強い覚悟とその徹底にあったと思われます。

家康が彦坂光正《みつまさ》と言う者に、駿府の町奉行を命じました。しかし光正は、役目のことを知らないので、と言って辞退しました。家康は、

「板倉勝重が近日、駿府へ来るので相談せよ」

と、指示しました。板倉勝重は当時京都所司代でした。

やがて勝重が来たので、光正は勝重に会って、こと細かに相談しました。

勝重が言うには、

「役人としての要件は、ただ、賄賂《わいろ》を受けないということである。貴殿が奉行となって、民が無実の罪を受けることの無いように望まれるなら、まず私欲を断ち切られよ。いやしくも無欲であれば、民の誠と偽りの区別は火を見るよりも明白である。甚だしいかな、財貨が人の心を打ち破ることは。

かつて百金を贈る者があった。私は受けなかったけれども、なおその者の過ちを隠そうとする気が起きたものである。もしその時、百金を受けていれば、きっとその者を勝たせたであろう。

奉行職は結局、町人の賄賂を受けないということである。このところさえ堅固なら、理非は

明白に知れるものである。これが私よりの第一の伝授である」

光正は、勝重の説明を聞きながら、家康が勝重に相談せよと言った意味がよく分かりました。身の清潔から生まれる自信こそが、奉行の職務遂行に最も重要であると理解できたのです。

(12) 板倉勝重―盗賊を見付ける

板倉勝重が駿府町奉行をしていたころのことです。勝重のところへ訴えて来た者がありました。それは、地蔵堂の前へ木綿の反物の売り荷を下ろして、便所へ行った間に、荷物を全部盗まれた、というのです。勝重はすぐにその近辺の町人を呼び集めて尋ねましたが、もとより放置しておいた荷物なので、証拠となるような物もなく、一同、まったく知らない、と答えました。

そこで勝重は、

「そうであろう。この上は地蔵が怪しい、その方ら地蔵をよく見張れ、町役人の者はよく命令して、抜からぬようにせよ」

と言い付けて、町人を帰しました。

町人らは、今は年の暮れに近く皆忙しい時節に、このように安閑として地蔵を見張ることがいつまでとも知れず、詰まるところは、紛失した反物を弁済しよう、ということになり、その旨を勝重のもとへ願い出ました。勝重は、成る程よかろう、と言って、失せた数量分を、各自の名札を付けて差し出すように命じました。

指図に従って反物が差し出された時、盗難に遭った反物売りを呼び出し、心覚えの模様のある反物を選ばせると、その中から一反見付け出しました。やがて、その差し出し人を呼んで調べると、果たしてその者が犯人でした。

⒀　本多正信―家康と秀忠の仲を取り持つ

徳川家康は鷹狩りが好きで、禁猟区を設けて他の者の立ち入りを禁じ、自分だけの猟を楽しんでいました。家康が東金《とうがね》（千葉県）で猟をしている時、狩猟用の網を張ってあるのを見付け、

「だれがこれを申し付けたぞ」

と、尋ねました。近臣の者が、

「青山播磨守忠成《はりまのかみただなり》・内藤修理亮清成《しゅりのすけきよなり》の指図です」

と申します。青山・内藤の二人は、共に将軍秀忠の近臣でした。家康は大変怒って、

「青山・内藤がまさか一存でやったわけではあるまい。わが鷹場へ二人の考えで、こんなことをよくするものか」

と、暗に将軍秀忠の指図によるものとして、もっての外に腹を立てました。

このことが江戸へ聞こえると、秀忠も殊の外驚き、まず阿茶の局《あちゃのつぼね》を家康のもとに遣わしました。しかし家康は、阿茶の局に目通りを許しませんでした。秀忠は困って、青山・内藤二人の役職を解任し、本多正信を召して、申し訳をどのようにしたらよいか、と相談しました。正信は承り、「某《それがし》へお任せ下され」と言って、さっそく東金へ行きました。

家康は正信を見ると、すぐに呼び寄せ、

「寒気の時節大儀である。それにしても何ごとで来たのか」

そこで正信は、

「某こと、数年おひざ元で勤めました所、何の科《とが》があってか江戸（将軍）へお付けなされました。結局は切腹を仰せ付けられるものと存じて居ります。老後の思い出に、何とぞ駿府へ召し返して頂きたい。このことをお嘆き申し上げたく参上仕りました」

正信は、将軍の使いで来たことは言わず、全く別のことを言ったのです。

「今改めて、何ごとがあってそのようなことを申すのか」

「新将軍には、殿を恐れ給うこと一通りではございません。この度も東金で御機嫌が悪いと聞こし召され、甚だもって恐れさせ給い、青山・内藤両人共に閉門蟄居《ちっきょ》を仰せ付けられ、この上御機嫌次第では、厳しいお叱りを仰せ付けられるとのことです。

御父子の間で鳥を取ろうと網を張ったとて、私ごとの用でしたわけでもなし、また、このことに付いて何かをお聞きなされたわけでもなし、このような少々のことにさえ恐れ入られ給うては、毎度諌めを申し上げる某などは串刺《くしざ》しにもなるであろうと、恐ろしく存じ奉ります」

この言葉に、家康の怒りも解けて、

「さては将軍はそのように思っているのか、二人の者は早々に許すように取り計らえ。その方はいよいよ将軍の補佐を頼み入る」

と、懇《ねんご》ろに申されたので、正信は喜んで江戸に帰り、青山・内藤の二人も閉門を許されました。

正信の機知に富んだ取り成しが成功したのです。

18 情の働き

(1) 原虎胤《とらたね》―敵の老武者《おい》をいたわる

原虎胤は若いころ、下総《しもうさ》（千葉県）の千葉城主千葉勝胤に仕えていました。ある年のこと、勝胤《かつたね》は隣国常陸《ひたち》（茨城県）の兵と戦って大いに勝ち、敵兵を追い払い、馬に食糧を積んだ敵の小荷駄《こにだ》の一隊を分捕りました。

一人の老武者が、小荷駄の陰でもぐさを据えて傷の手当てをしていました。名を聞いたが答えず、ただ「首を取れ」と言います。勝胤は殺すに忍びず、「早くここを去れ」と言うと、その老武者は、「傷を負っているので動くことが出来ない」と言います。

その時、原虎胤が勝胤に、

「私がこの武者を、常陸の陣まで送り届けたいと思いますが……」

と言うので、勝胤はこれを許しました。

虎胤はその武者を背に負い、常陸の軍勢が敗走した跡をたどり行くこと十キロばかり。常陸勢が巴《ともえ》の模様を描いた旗を押し立て、三、四百人ばかりの兵が真ん丸になって集まっている所を見て、背中の武者が、

「あの陣へ連れて行ってくれまいか」

と、言います。虎胤は言われるままにその方へ向かいました。その間が二百メートル足らずになった時、常陸の陣から武者六、七人が駆けて来て、手負いの老武者を迎えました。

虎胤が、

「何者ぞ」

と問うと、六、七人の者が、

「この老武者は我々の叔父です。われらの持ち場が危急に迫り、主君が退きかね給うのを守護して、ようやくこの地まで逃れて来た。それで、叔父が負傷したことを知らなかったが、君の厚い義勇によって、今再会することが出来た。恩を感謝する言葉も無い。どなたでございましょうや、ご姓名を承りたい」

と、言います。虎胤は、

「先にご辺の叔父に名を問うたが、答えなかった。拙者もまた名乗らず。ただ老人の手負いをいたわしく思い送って来ただけである。幸い甥御《おいご》たちに巡り会って渡すことが出来、わが望みは達した。但し、ご辺の姓名を聞いて帰らねば、わが主君に答える言葉が無い」
六、七人の者は、
「名乗るには、主君に知らせてからでなければ、後で咎《とが》めを受けるであろう。それでは主君に申し上げよう」

と、陣中へ入って行きました。その時、手負いの武者が虎胤に、

「君は年は若いけれども、勇武は関東に比べる者が居ないであろう。某《それがし》らが何人寄り集まって

も、かなうものではない。わが腰差しの瓢簞《ひょうたん》は、千葉殿も見知っておられる物である。甥《おい》どもの腰差しもまた瓢簞である。某の分と合わせて八つある。これを君に与えよう。これを印とすれば、姓名を告げる必要はないであろう」

戦場では、腰に小さな旗を差して各自の印としたのですが、この人たちは旗の代わりに瓢簞を差していたのです。

虎胤は瓢簞を受け取り、再び姓名を問うことなく本陣に帰り、このことを勝胤に報告しました。勝胤は、虎胤の始終の行動を、勇気あるものと認め、これから後は八瓢簞をもって虎胤の腰差しにするように、と命じました。

その後再び千葉勢と常陸勢が戦った時、常陸勢は虎胤の腰差しを見て、「これこそ千葉の勇士である」と、戦いを止めて見物しました。そのうちに原虎胤と名を知られ、やがて敵中に知れ渡りました。

すると一方では、その勇士を討ち取ろうとする者も現われ、虎胤を取り囲みました。虎胤は縦横に奮戦して、三人を討ち取り、四人に手傷を負わせ、なお槍を取って進む所へ、一人の武者が横並びに来たと思うと、むずと組み付いて来ました。

虎胤はどうしたことか組み敷かれました。下から跳ね返そうとするのですが、両方の手を足で踏まれて動くことが出来ません。敵はすでに首をかき切ろうとして兜の内側を見、顔に付けた金具のすき間から相手の顔を見て、意外なことに、敵は太刀を取り直して自分の首をかき落としたのです。虎胤は驚き不思議に思ってこの男の面《おもて》を見れば、あの老武者が甥と言った男でした。

戦い終わってこれを尋ね聞くと、水谷勝氏《かつうじ》の家臣で、牛久《うしく》隆直《たかなお》と言う者であると分かりました。叔父を助けてくれた恩を、自身の死で返したのです。原虎胤十七歳の時のことでした。

(2) 妻の死罪に殉じた夫

この話は私（筆者）がその出所を忘れ、見付け出すことが出来ないので、私の記憶を頼りに述べることにします。

ある夫婦の、妻の方が大きな罪を犯し、死罪に行われることに決まりました。夫はそれを聞いて役所へ出向き、「妻の代わりに自分が罪を受けたい」と懇願しました。しかし、役人はそれを許しませんでした。「妻が罪を犯したのだから、妻が償うべきである」と言うのです。夫は止むを得ず、「妻が罪を犯したのは自分にも責任がある。それで夫婦同罪にして、一緒に死罪を受けたい」と願いました。たっての願いに、役人も止むなく承知しました。

死刑が行われる当日、二つのはりつけ柱が並んで立てられました。夫婦はそれぞれの柱に縛り付けられ、処刑の合図と共に同時に刑を受けました。

二人は心の中で、この上ない強い愛情で結ばれている幸せを感じながら、一緒に最期を遂げたのです。

(3) 島津義弘《よしひろ》―愛馬に以心伝心《いしんでんしん》

島津義弘には愛する名馬があり、〝長寿院栗毛〟と名付けていました。木崎原《きさきばる》（宮崎県南部）

で、伊東氏の軍勢と戦った時のことです。伊東の家臣柚木崎丹後《ゆきざきたんご》が、弓に矢をつがえて駆けて来ました。義弘は退却の途中でしたが引き返し、槍をもって丹後を突きました。丹後は少し低い地に居ます。義弘の居る所は少し高いので、馬上からは槍が届きません。

義弘が困っていると、突然、義弘の馬がその場で膝《ひざ》を折りました。すると槍の距離がちょうどになったので、義弘は丹後を突き止めることが出来ました。これは馬が義弘の心に感応したのでしょう。人と馬との間にも、以心伝心ということがあると見えます。

これより後、この馬を〝膝つき栗毛〟と評判するようになったということです。

(4) 日本の犬―明《みん》の虎を倒す

朝鮮出兵の途中で、和睦交渉が行われたころのことです。明国から秀吉へ虎が贈られて来ました。秀吉の慰みに献上するということでした。虎は檻《おり》に入れられ、堺（大阪府）で陸揚げされると、大坂城へ運び込まれました。秀吉は係りの役人を任命して、虎の飼育に当たらせることにしました。

虎を送って来た明人の話によると、ふだんの餌《えさ》には馬肉の切り身を与えるが、五日に一度くらいは生き餌《え》を与えなければ、虎が勇猛さを失う、と言います。生き餌には犬が良いとのことでした。そこで飼育係は、むごいこととは思いながら、近くの村々から順次、犬を差し出すように、代官を通じて村の庄屋に割り当てました。庄屋はお上《かみ》の命令ということで、村内で飼っている犬の中から一匹を選んで報告する。それを徴発《ちょうはつ》係の役人が下人どもに箱車を引かせて、捕らえて回るのです。

生き餌にされた犬は、誠に無残でありました。虎の檻《おり》に押し込まれた犬は、最初から正気を失って入口にうずくまったまま、悲鳴も上げることが出来ません。虎は悠々と近づいて来て前足を上げて一撃し、首の骨を折り血を吐いて死んだのを、奥の寝所へくわえて行って食ってしまうのです。満足げに鼻を鳴らし、のどを鳴らして、骨の一つも残さず、バリバリとかみ砕いて飲み込みます。後は舌なめずりをし、あくびを二つ三つすると、やがて寝てしまいます。

そのころある村に一人の若い猟師が居ました。その猟師の飼っている犬は赤毛の中型の犬でしたが、なかなかの名犬でした。強くて利口で猟が上手だったのです。猟師はその犬をこの上もなくかわいがっていました。ある日、猟から帰って来ると、家族の者が青い顔をして飛び出して来て、猟師に言うには、「うちの犬を虎の餌に差し出すように、と、庄屋から連絡があった」と言うのです。猟師は驚きと腹立たしさに、すぐに庄屋の家へ談判すべく乗り込みました。しかし、間もなくしょげ返って帰ってきました。庄屋に、

「わしも無理な仰せじゃと思うが、代官様は太閤殿下の仰せ付けじゃと申される。そう言われるとどうすることも出来んわ。殿下の仰せに背いては、わし一人が罪人になるばかりではない。村中おとがめを被《こうむ》ることは目に見えている。つらかろうが得心《とくしん》してくれや」

と、庄屋にことを分けて言われると、どうすることも出来ませんでした。

猟師は、差し出すまでの五日間、思う存分犬をかわいがることにしました。毎日犬の喜びそうな物を自分で調理して食わせました。食わせながら、自分の体内の憤りを犬に託すように言

って聞かせました。

「さあ、これを食って元気を付けろ。お前も日本の犬じゃ、しかもこの近郷近在では一番強うて、一番賢うて、一番猟の上手な犬じゃ。相手は異国の虎じゃ、おめおめと食われてたまるか。しっかりと働いて、虎のどこへでも一咬《か》みは咬み付いて、それから死ねや。いいか、分かったか」

犬は食うのに夢中で、人の言うことが分かるはずもありません。しかし、差し出す日が近付くにつれて、犬はめきめきと体力が付いて、当日になると精力絶倫の状態になっていました。


その犬が食われる日も、多数の見物人が集まっていました。犬はかごに入れられたまま、下人たちの手で虎の檻の前まで運ばれて来ました。今までの犬は、檻から二十メートル程に近付くと、虎の臭気と恐ろしい雰囲気を感じるようで、かすかな悲鳴を上げて逃げようと焦るのですが、その犬はかごの底にうずくまったまま身動き一つしません。鋭く立った耳だけがピリピリと絶えず震えて、緊張し切っていることを示していました。

一方、檻の中の虎は、うまい食べ物が近付いて来たことを知って寝所から出て来ました。悠々たる身のこなしです。太くたくましく柔軟な足どりで、檻の中ほどまで進み出て、キッと入口の方を見たかと思うと、雷鳴がとどろくようにほえました。血の滴《したた》っているような真っ赤な口、先の曲がってとがった真っ赤な舌、研ぎ澄ました刃物のように鋭い白い歯、見慣れているはずの係り役人らさえ胸が震える程ですから、見物人たちは皆顔色を変えています。たちまちシンと水を打ったように静かになりました。

下人たちが役人の指図で犬を檻に入れました。一人が檻の戸口を開くと同時に、犬をだき抱えていた一人が素早く投げ込み、投げ込むや否や戸を締めるのです。

投げ込まれたその犬は、宙で返ってスックと立ち、ゆっくりと腰を下ろしました。両の目はランと光って虎をにらんで放しません。これまでの外の犬とはまったく様子が違っていました。虎はのそりと近付き、突然すさまじい唸《うな》り声を発したかと思うと犬に躍りかかりました。見物の人々は、いつもの通り一たまりもなく背骨をたたき折られた、と思いましたが、その犬は一声ほえるや、虎の足をくぐって虎ののどに咬み付いていたのです。まるで電光のような速さでした。

猟犬は、獲物を捕らえその息の根を止めるには、のど仏を咬み切るのが習性となっています。のど仏を咬み切ると、流れ出た血が気管をふさぎ、呼吸困難に陥るのです。この犬も虎と対した時、即座にのどに咬み付くことを思ったのでしょう。一瞬の迷いもなかったに違いありません。

虎は驚きあわてて怒り、振り放そうとして、激しく首を振りますが、犬は決して放れません。虎は一層あわてて、激しくほえながら、躍り上がり躍り上がり首を振りました。犬の小さな体は、マリのように振り回されました。しかし、それでも放しませんでした。

遂に虎は後ろ足で立ち上がって、前足でもぎ放そうとしました。刃物のように鋭い爪は、犬の胴体を引き裂きました。毛が抜け飛び散り、血がほとばしり、肉がむき出しになり、はらわたが流れ出しましたが、それでも放しません。虎は気が狂ったように、躍り上がり躍り上がり、苦しみもがきました。頑丈な鉄の檻が、メキメキ鳴りながら振動し、犬の血と肉片が散らばって、目を覆うばかりの有様です。

こんなことが三十分も続いたでしょうか。虎の勢いは次第に弱り、やがてドサッと前のめりに床《ゆか》に倒れました。猟犬が数多くの体験を通して得たただ一つの必殺技は、自分の命と引き換えに大敵を見事に仕留めたのです。

ことは秀吉に報告されました。秀吉はすぐやって来て自ら検分し、涙を流して犬を激賞しました。

「天晴れな奴《やっ》め！　天晴れな奴め！　天晴れ日本の犬じゃ、褒めてやるぞ、立派に成仏するがよい」

そして、奉行の増田《ました》長盛を呼んで言いました。

「この犬の死骸《しがい》を持ち主のもとへ送って取らせよ。肉切れ一つ残すでないぞ。虎と立派に戦って仕留めた次第を、詳しく書き送ってやれ。白銀十枚取らせよ」と。

19　礼儀

(1)　稲葉《いなば》一鉄《いってつ》—雑賀《さいか》衆を帰服させる

織田信長は、紀州（和歌山県）雑賀衆の雑賀孫一・同若衛門兄弟を、説得して降参させようと考え、部下を使いに出しましたが、その使いが帰りません。殺されたのか留められているのかも明らかでありません。

それで信長は重ねて使いを送ることにして、その使いを稲葉一鉄に命じました。一鉄はすぐに彼の地へ行くと、雑賀兄弟はやがて信長に降参し、尾張（愛知県）へ来て家臣になる礼を取りました。

この時、信長が雑賀孫一に問いました。

「初めの使いはどうしたか」

孫一が答えて、

「私が殺しました」

「なぜ殺したのか」

「その人は家来を多く引き連れ、あらかじめ案内もよこさず、馬に乗ったまま突然、城門をたたき、信長の使いであると言って、言葉遣いは尊大で、態度は高慢でした。これは私をだまして、捕らえて殺そうとしているものと思い、本丸と二の丸の間に入った時、門を閉じて前後より取りこめ、残らず討ち果たしました」

「それでは、何故に稲葉は殺さなかったのか」

「稲葉はその態度が初めの使いとは大変違い、まず五、六里（二十〜二十四キロ）先より案内を丁寧に請い、信長の使いと言って来た。私が櫓《やぐら》の上で見ると、馬の鞍《くら》も飾らず質素な身なりで、徒歩《かち》の侍をただ十人ばかり連れて城門の外で馬を下り、若党二人、草履取り一人を連れ、他の者は城門の外に残して、威儀を正して静かに歩いて来た。

私は大変その心懸けに感じ、私自身門を開き出迎えました。内に招き入れて口上を聞くと、道理が明らかでしかも謹みの心が表われている。股《もも》引きの外れから見ると、布の下帯《したおび》（ふんどし。一般の人は木綿や麻の布、貴人は絹のちりめんやどんすで作った）をしている。これはわが身を倹約し、財を軍事に遣う志であろうと存じ、良い士風であるのに感じて帰服仕りました」

と、孫一は帰服の理由を語りました。

(2) 稲葉一鉄―徳川勢を称賛する

元亀元（一五七〇）年六月、織田・徳川連合軍と浅井・朝倉連合軍が、姉川（滋賀県）で戦いました。この戦いを大まかに見ると、姉川を挟んで、織田軍一万八千対浅井軍八千、徳川軍五千対朝倉軍一万、という構図です。

徳川五千対朝倉一万の戦いでは、初戦は倍の軍勢を率いる朝倉が優勢で、徳川勢は押されていました。そこで家康は榊原康政に命じ、姉川の川下を渡って朝倉軍の側面を攻撃させました。朝倉軍は不意を突かれ、にわかに崩れ始めました。

織田一万八千対浅井八千の対戦では、小勢の浅井勢が織田勢を激しく攻め立て、織田の陣営は次々に敗られました。浅井勢は強かったのです。この情勢を見て、徳川に加勢していた稲葉一鉄は浅井勢の側面に打って出ました。すきを突かれた浅井勢は織田勢に押され始めました。

こうして姉川の戦いは、織田・徳川勢の勝利となりました。戦い終わって信長は、部将たちに論功行賞を行いました。織田方第一の功名は、戦い半ばに浅井勢に横槍を入れて突き崩した稲葉一鉄です。信長は一鉄を〝剛勇比類なき働き〟と賞し、

「信長の長の字をその方にやろう。以後、長通《ながみち》と名乗れ」

と、言いました。一鉄の名は良通《よしみち》でした。

しかし、一鉄は信長に向かって大声で、

「わが殿は目の見えぬ大将でおわすか」

と、叫びました。続けて、

「某《それがし》を剛勇と仰せられるが、もともとこの度の合戦でわが織田勢の戦い振りは見苦しく、浅井・朝倉に攻め押されすでに敗走すべき所を、三河（徳川）殿のお力によって、ようやく勝利を得たものでござろう。三河武者の戦さ、駆け引き、一人として勇無き者はござらぬ。

この一鉄の如きは、上方《かみがた》勢の中にあってこそ、一人前に槍を取る者と言われようとも、三河殿の中にあっては、足手まといの弱兵に同じ、物の用に立つべきとも思えず。この度の功名と申せば、三河殿の将の働きと士卒の剛勇にあると心得申す。それを一鉄に武勇有りと仰せられ

るは片腹痛うござる」

一鉄は誰《だれ》はばかる所なく言ってのけました。それにしても、信長の論功行賞の場で、自分の名誉と功績を捨て、徳川勢を称賛したその心遣いは、誠に見事と言う外はありません。

(3) 福島正則の家臣―宇喜多秀家に酒を贈る

福島正則が江戸で暮らしていた時のことです。「関東の酒は味がよくない」と言って、大坂から酒を取り寄せていました。大坂で役人が酒を調《とと》えて積み、侍一人が運送責任者としてその船に乗り、江戸へ向けて出航するのです。

ある年のこと、船が途中で難風に会い八丈島へ漂着しました。四、五日の間は風波が荒く、船を出すことが出来ません。その暇に責任者の侍は陸に上がり、ここかしこと歩き回りました。その時、年のころ四十くらいに見える、背が高くやせて色の黒い男が出て来て、責任者の侍に向かい、

「どうしてこの地に来たのか」

と、問いました。侍は、

「われらは福島左兵衛大夫（正則）の家来である。主人の飲み料にする酒を、大坂より江戸へ運送する途中難風に会い、ここに漂着したのだ」

と答えると、その男は、

「ああ、その酒、少し与えて下さらんか。一杯傾け憂《う》さを晴らし、故郷の恋しさをも忘れたい」

と、酒を所望《しょもう》しました。侍は、

「さては、その方は流人《るにん》か、何の罪で来たのか」

その男は、

「今は包み隠しても仕方がない。私は宇喜多中納言秀家の成れの果てである」

宇喜多秀家は、関ヶ原の戦いで西軍に属し、敗れて八丈島に流されていたのです。

侍は驚き、

「そのようなお方とも存ぜず、ご無礼申しましたこと、何とぞお許し頂きたい。酒のことはお易いご用です」

と言い置いて船に帰りました。そして考えるには、

「多くの樽《たる》から少しずつ抜き取ったら、樽数も違わずに済ませることが出来るが、相手はただの人ではなく、宇喜多秀家殿のご所望である。世が世であれば、われらのような者にどうして酒を所望されようか。そうとなれば、主人の怒りを恐れてわずかの酒を贈るのも、誠に心残りのことである」

と思案して、酒一樽に持ち合わせていた干し魚を添え、

「少々ではございますが、お寂しさを慰められますように」

と、秀家の居所へ贈り届けました。

さて、風が静まって後、江戸へ着き、酒を台所役人に渡し、すぐに目付け役の所へ行き、難風に会って八丈島へ漂着した事情と、宇喜多秀家からの酒懇望の始末を、有りのままに語りま

した。目付け役の者は、黙って聞き置くことではない、と考えて、正則に右のことを詳しく報告しました。

正則はそれを聞くと、

「その者をここへ呼び出せ」

と言いました。目付け役は、正則は元来気の荒い性格なので、運送責任者はもとより、役人の者もきっと手討ちにされるだろう、と思いました。かの侍が入って来ると、正則は、

「ここへ来い」

と、側近く呼び寄せ、

「その方、天晴れ出かしたり。一船の酒残らず失せたとしても、わが身がそれほど痛むわけではない。けれども、わしに指図を受ける方法がないので、自身の判断で一樽贈ったとはよくも取り計らったものだ。わしに遠慮して酒を与えなかったなら、『正則はけちな男だから、家来まで情け知らずだ』と、あの男に見下げられること、どれ程無念であるか、これに過ぎたことはない。

また、多くの樽より抜き取ったらわしが知らずに済むこと。また、難風に会い樽を放り捨てた、と言っても済むものを、有りのままに申したこと、その方の律儀神妙の極みである」

と、正則はその侍の取った処置が、かつて豊臣秀吉の下で共に戦った同僚に対して、礼を失することがなかったこと。また、その侍の律儀さ、正直さに感じて、この上なく満足でした。

20 戦争

(1) 戦場の怖《こわ》さ──その実態

戦場で敵味方の槍隊同士が向き合った場合の、具体的な動きはどうだったのでしょうか。このことに関して、吉川英治氏は、姫路城の剣道指南三宅《みやけ》軍兵衛の述懐として、次のように述べています。

「敵も槍ぶすま、味方も槍ぶすま、にじり足で詰め合って、互いに大声ばかり数十度も交わし、やがては、味方の後ろで打ち鳴らす太鼓の音も耳に入らなくなり、自分の叫ぶ声も人の叫び声も分からなくなり、目はくらみ、槍を持つ手はこわばって固くなり、自分の体が自分の体でなくなり、一瞬、天地も真っ暗になったかと思った時、はや敵の顔もそこにはっきり見えるのに、敵の列からも一歩も出る者が無く、味方の列も槍の穂先ばかり揃えて、一足も駆け出る者は無く、ここは千尋《せんじん》の谷間か中空《ちゅうくう》か、と思えて足もすくみ、魂も奪われたと思う時、だれとも知れぬ男が、何の何某《なにがし》と名乗るや否や一番に躍り出て、群がる敵の中へ体当たりに突いて入る者がいると思った瞬間、初めて我を忘れたような気分と共に、その勇者に励まされて、敵の中へ続いて駆け入るのである。

だから、一番駆けの功名というものは、軽々しく得られるものではない。戦さに熟練した者でもたやすく出来ることではない。ふだん勇気もあり、力も強い者でも、戦場に臨んだら皆と同じで、私（三宅軍兵衛）なども幾たび戦場を踏んでも、敵と向き合った最初は、身が震えるのをどうしても止めることが出来なかった」

続いて、吉川英治氏が解説を加えています。

「誠にそうであろうと思われる。死ぬか生きるかの場に立っているのである。敵味方が向き合い、一定の距離まで近付くと、どちらの陣からともなくワァッと力いっぱいに叫ぶ。相手の陣からもワァッと叫ぶ。叫びながら少しずつ双方から詰め寄る。あらん限りの大声を出し、その声で我とわが身を励まし、少しずつ敵に迫って行くのである。初戦の勇気を奮い起こすには、張り上げる声だけでは足らず、後ろで激しく太鼓を打ち鳴らすのである。太鼓を打つ者も必死の気迫を込めてばちを打つという。

百戦錬磨の武者でも、歯の根がわななき、目はつり上がり、肌は鳥肌になり、五体はひとりでにガタガタと震え、自分の体を戦闘態勢に変える。この態勢変化は一瞬のうちに行われる。どれ程場数を踏んだ者でも、戦場へ臨み敵と初めて向き合い、初めて陣寄せを押し合う瞬間ばかりは、何度経験しても正直怖いものだ。これは勇士の本音である」

海音寺潮五郎氏は、次のような話を載せています。

「明智光秀の家来に野々口丹波《たんば》という者がいた。ある時、尼子の旧臣山中鹿之介に向かって言うには、

『拙者は不肖の者ではござるが、それでも時の仕合わせで武功を立てたことが三度ござる。しかしながらまるで無我夢中で、敵を突き止めて首を取って、はじめて夢から覚めたように我に返りました。自分でどう働いたやら、よく覚えていないのでござる。しかるに、一度くらい良い首を取った者で、自分の働き、敵の働きなど、詳しく物語る者がござる。このような者は生まれ付きの勇者で、拙者は天性の臆病者なのでござろうか』

聞いて鹿之介は感嘆して、

『貴殿は誠に正直なお人でござる。今仰せられたような人物はまやかし者にて、真の勇者ではござらん。拙者は二度も首供養（首を三十三取ったら塚を築いて一度供養するという）をした程の者でござるが、槍を合わせて首を取ること四、五度までの間は、貴殿が仰せられたように、まるで夢中でござった。七、八度に及んで、暁の薄明り程に分かるようになり、十度《とたび》に及んで、心平静にて白昼に見るが如く、敵の内兜《うちかぶと》が見えるようになりました。こうまでなれば、どこを突くべきか、どこを薙《な》ぐべきか、が、はっきりと分かり、功名手柄思うがままに立てられます。貴殿はまだお若い、首数が重なりなされば、拙者の今申したことが成る程と合点致されるでござろう』と、答えたという」

永岡慶之助氏は、徳川家康の臣大久保彦左衛門の若い時の話を、次のように述べています。

「大久保彦左衛門は果敢この上もない若武者であった。武田勝頼の支城、遠江《とおとおみ》（静岡県）の高天神《たかてんじん》城を攻撃した時、槍を合わせた敵将を見事、馬上から突き落として、兄大久保忠世《ただよ》の家臣本多主水《もんど》にその首を討たせたが、後でその敵が城将岡部丹後守と聞かされ、

『しゃっ、あれが丹後守と知っていたら、わが手で首をかき取ったものを』

と、悔《くや》しがった。

彦左衛門の兄忠世が笑って、

『平助（彦左衛門）、後の祭りだ、あきらめろ。そもそも敵の見分けもつかぬほど気が上がっているがために、かようなことにもなるのだ。しかし合戦の場数を踏めば、そのうち段々と槍を合わせた相手がどのような者か、顔の表情まではっきり分かって来るものよ』

と諭《さと》した。言われて彦左衛門は顔を赤らめた。兄忠世が指摘したように、彦左衛門には敵の顔などろくに見えなかったのである」


吉川英治氏は、福島正則が豊臣秀吉に従って、播磨《はりま》（兵庫県）の三木城にこもる別所長治《べっしょながはる》を攻めた時のことを、次のように記しています。当時正則は十九歳でした。

「福島市松《いちまつ》（正則）は三木城攻めの時、別所随一の剛勇と聞こえた末石《すえいし》弥太郎を討ち取って、秀吉の感賞にあずかっている。もっとも市松はまだ弱冠、普通では討てるわけの相手ではない。

その日、末石弥太郎は、傷を負って三木川の草むらで水をすくって休んでいた。そこへ福島市松が、いきなり体をかがめて詰め寄り、

『市松だッ、羽柴の家来、福島ッ市松ッ』

と、早口に名乗りかけながら、不意に突き掛けたものである。

名乗りとひと口に言うが、一度や二度の合戦に出たくらいでは、しかも相手が相当な敵と知れた場合など、思いのまま名乗り声を上げられるものではない。瞬間、口も渇き、舌の根もも

つれ、何を叫んだか、後では自分でも分からない。と言うのが、後々一騎当千の強者《つわもの》と呼ばれるようになった人々の、正直に述懐するところである。

このとき市松は、一度敵の末石弥太郎に襟髪《えりがみ》をつかまれて、すでに首を取られる所であったが、彼の家来星野某という者が、末石を後ろからめった切りにして、主従二人がかりでようやく弥太郎の首を挙げたのである」


田井友季子《ゆきこ》氏は、賤ヶ岳の合戦の時の加藤清正について、次のように述べています。清正はこの時二十二歳でした。

「〃絵本太閤記〃の武勇伝には、賤ヶ岳の合戦場での清正の働き振りを、

『加藤虎之助清正とは我なり、北国の臆病侍、汚《きたな》し返せ！（逃げるとは見苦しい、引き返せ）』と呼ばわって、槍をしぼって突き立てれば、北国勢は討たれる者数知れず、算を乱して倒れ伏す。

と、胸の透くような豪傑振りが出て来るが、実際にはだいぶ違うようだ。

松浦静山《せいざん》の〃甲子夜話《かっしやわ》〃には、
念仏（お題目《だいもく》の誤り）を唱えて、その闇の中に飛び込んで槍を入れたのに、何か手応《てごた》えがあったと覚えたが、敵を突き止めたのである。それからやっと敵味方が見分けられた。後で聞けば、その時の一番槍であったと言う。

豪傑の清正も、敵を目前にして思わず目を閉じ、〃南無妙法蓮華経《なむみょうほうれんげきょう》〃と、お題目を唱えてしまったのだ。（加藤家の宗派は日蓮宗なので、念仏〃南無阿弥陀仏《なむあみだぶつ》〃ではなく、お題目である）」

(2) 戦争の残酷さーひどい戦後

天文《てんぶん》十六（一五四七）年、武田信玄は信州（長野県）志賀城を攻撃しました。志賀城の城将笠原清繁《きよしげ》は、徹底抗戦の態度を堅く守って善く戦いましたが、遂に敗れて討死し、城は落ちました。

信玄は、城に残っていた兵士や女・子供まで、すべて百余人を生け捕りにして、甲府へ連れて帰りました。反抗する者への見せしめのためです。甲府へ連れてこられた者は、甲府付近に身寄りの者があれば、身の代金《しろきん》として一貫から十貫まで身分に応じて定め、身の代金と引き替えに釈放しました。当時の一貫を今日の時価に換算することは難しいのですが、仮に一貫を十万円とすると、一人の身の代金は、十万から百万円ということになります。

城将笠原清繁の未亡人は、美貌《びぼう》と才媛《さいえん》の持ち主であったそうですが、武田信玄の部将で志賀城攻めにも参加した小山田信有《おやまだのぶあり》が、二十貫で買って側室にしました。身の代金の出ない者は、男の多くは鉱山の鉱夫に、女は遊女に売り飛ばされました。奴隷《どれい》に売られた者もあったということです。

当時、戦争に参加する武士は、一般に五人から十人ぐらいの家来を連れていました。家来の多くは、ふだんは農業をして、戦さが始まると、主人である武士に従って戦場に出ます。戦場での働きに対する恩賞は、家来の働きの分も含めて武士に与えられます。

家来たちの戦場での楽しみはただ一つ、略奪暴行でした。戦争で勝利した日は、将兵に略奪暴行を許すのが普通だったのです。そこでは、敵方の男は、殺すか荷物担ぎの人足にして、後で奴隷に売るのです。女は犯して遊女屋に売り飛ばす。家の中にある品物を探して略奪する。彼らは略奪暴行を楽しみにして戦場に出て来ているのです。戦いに負けた側の領民は、絶えず略奪暴行におびやかされるという悲運に泣かされました。

右のような略奪暴行を厳禁したのは、織田信長でした。信長はむかし源平合戦の時代に、平氏を追って京に入った木曽義仲の軍勢が、京で乱暴狼藉《ろうぜき》の限りを尽くし、京の人々に嫌われ、やがて源頼朝の軍勢に討たれたという悪い評判が、今に語り継がれていることを知っていました。また、信長の鋭い頭脳は、自分が占領した土地の住民を安心させ、そこから年貢を取り立てるためにも、略奪暴行は差し障りになる、と考えました。

当時は、進軍先で兵糧や馬の飼料を奪うのは、当たり前のことでした。また前に述べたように、勝利の日は略奪暴行が許されました。信長は、そのようなことを防ぐため、戦いに備えて兵糧を十分に用意し、商人たちを先行させて物資の調達から女買いの場所まで調べさせ、兵士の狼藉を予防する手立てをし、一方で厳しい軍律の触れを出しました。一銭を盗む者、火を付ける者、女を犯す者、これらは即座に首を斬る、という触れです。このため、京の人々は初め織田軍の上京を恐れていましたが、やがて織田軍の軍律が見事に行われるのを見て、ようやく安心しました。

豊臣秀吉が九州の島津を討つために、小倉《こくら》（福岡県）に到着したのは、天正十五（一五八七）

年三月でした。秀吉が軍勢を率いて島津へ向から途中で聞いたことは、「ポルトガル船に、日本人が奴隷として積み込まれている」ということでした。諸大名が戦った相手の、兵士はもとより、女・子供まで捕らえて、出入りをしているポルトガル船に売り渡す、というのです。

奴隷として売られた者は、手足に鎖を付けられて船底へ追い込まれ、病気になってもろくに世話もされず、死ぬ者も少なくなかったと言います。行き先はインドが多かったようですが、ポルトガルにも連れて行かれ、さらにそこから転売されて、南米のアルゼンチンにも送られていたということですから、ほとんど全世界へ散らばっていたと思われます。

九州の大友宗麟《そうりん》・大村純忠《すみただ》・有馬晴信《はるのぶ》の三大名が、ローマへ派遣した少年使節は、天正十(一五八二)年に日本を出発し、八年後に帰国していします。この少年使節の一行が、ヨーロッパの各地で労働に使われている日本人のみじめな姿を見て、同胞を奴隷として売った一部の日本人の人道に外れた行いに、激しい憤りを感じたと言います。

豊臣秀吉は、日本人が奴隷に売られていることを知って、九州の地から全国の諸大名に対して、「日本人奴隷売買禁止の命令」を発しました。秀吉によって、ようやくに日本人が奴隷として海外へ送られる道が閉ざされたのです。

地図Ⅰ

本書に出てくる地名
(愛知)(岐阜)は地図Ⅲへ

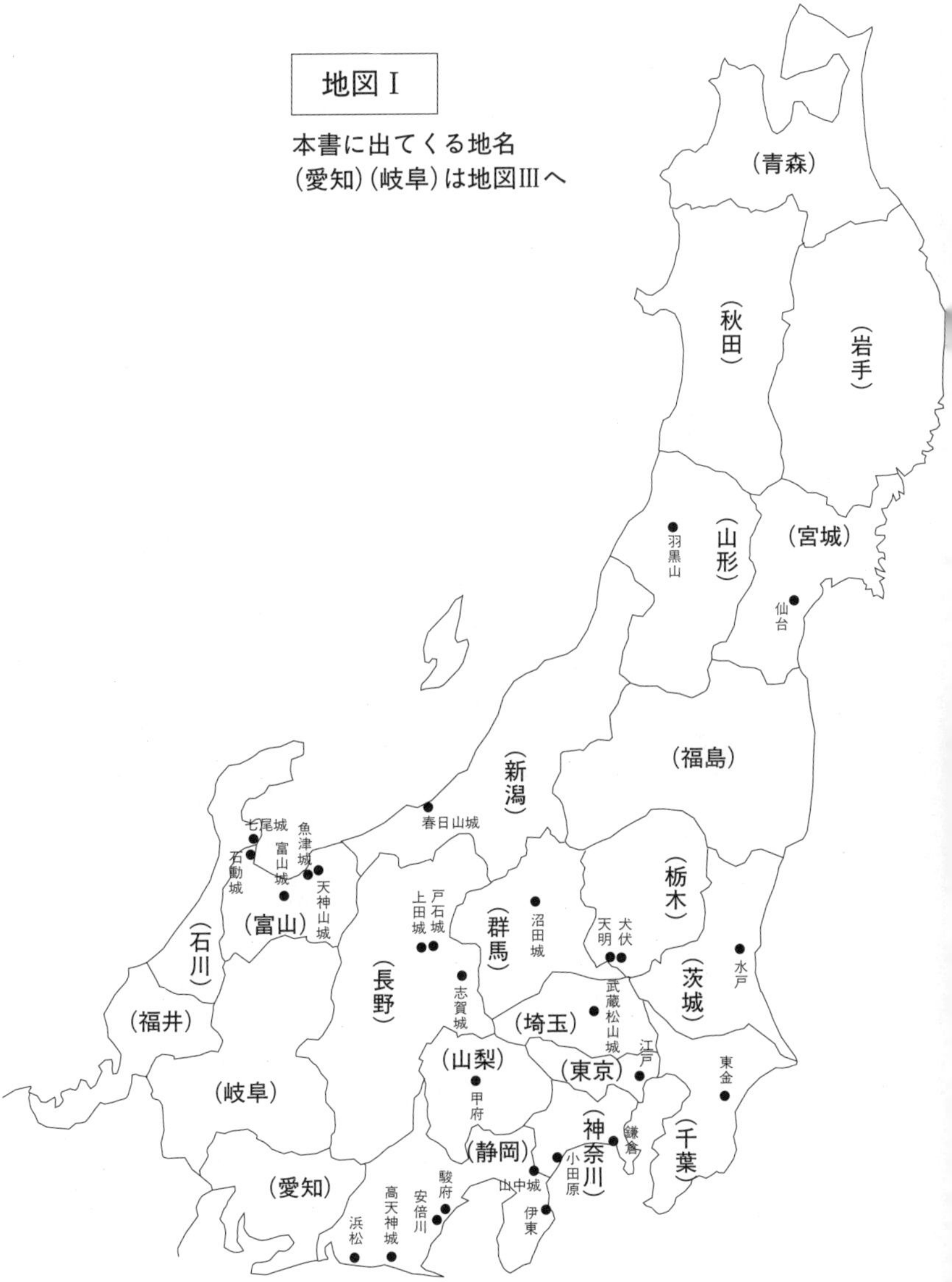

地図II

本書に出てくる地名
(滋賀)(京都)は地図IIIへ

地図III

本書に出てくる地名
（愛知）（岐阜）（滋賀）（京都）

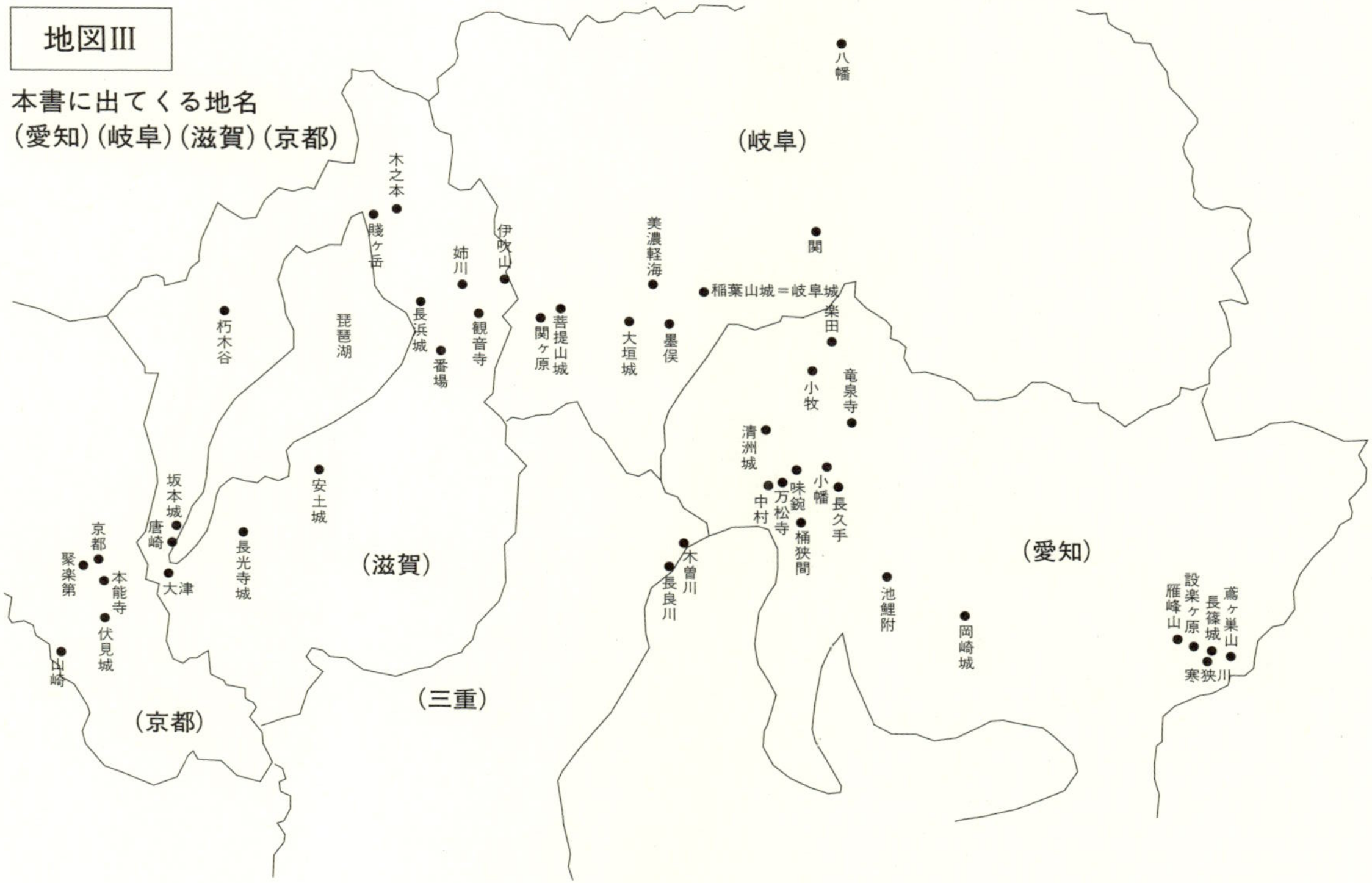

使用・参考資料

1 立派に死ぬ

(1) 魚津城兵―全員切腹
小和田哲男「戦国合戦事典」ＰＨＰ文庫
別冊歴史読本「武士道」のうち小和田哲男「武士道の系譜」新人物往来社

(2) 松永久秀―百会の灸
遠藤和子「佐々成政」学陽書房

(3) 明智光春―最後の始末
「備前老人物語」史籍集覧

(4) 木村重成―勇士のたしなみ
岡谷繁実「名将言行録㈡」岩波文庫
岡谷繁実「名将言行録㈤」岩波文庫

2 勇士と豪傑

(1) 鳥居強右衛門―長篠城を救う
二木謙一「長篠の戦い」学研M文庫
花村奨「前田利家」ＰＨＰ文庫
桑田忠親監「武将名言１００話」立風書房

(2) 大久保兄弟―長篠で奪戦
岡谷繁実「名将言行録㈥」岩波文庫

(3) 花房助兵衛―勇士の心意気
岡谷繁実「名将言行録㈢」岩波文庫
海音寺潮五郎「乱世の英雄」文春文庫

(4) 本多平八郎―東国無双の勇者
岡谷繁実「名将言行録㈢㈦」岩波文庫

(5) 可児才蔵―関ヶ原の武勇
別冊歴史読本「武士道」のうち浅田耕三「可児才蔵」新人物往来社
小和田哲男「日本の歴史合戦おもしろ話」三笠書房

(6) 可児才蔵―長太刀の技で会釈
岡谷繁実「名将言行録㈣」岩波文庫

(7) 母里太兵衛―名槍を飲み取る
綿谷雪「実録後藤又兵衛」中公文庫
浜野卓也「黒田官兵衛」ＰＨＰ文庫
海音寺潮五郎「武将列伝四」文春文庫

3 臆病者

(1) 岩間大蔵左衛門―戦場に出ず
岡谷繁実「名将言行録㈠」岩波文庫

(2) 武田信玄―臆病者を使者にする
岡谷繁実「名将言行録㈠」岩波文庫

4 武将の子供のころ

(1) 加藤清正―機転が利く
安藤英男編「加藤清正のすべて」のうち田井友季子「清正をめぐる女たち」新人物往来社

(2) 豊臣秀吉―腕白盛り
岡谷繁実「名将言行録㈠」岩波文庫

(3) 太田道灌―父の教訓を批判
岡谷繁実「名将言行録㈠」岩波文庫

5 武将の戦略

(1) 毛利元就―厳島の戦い
岡谷繁実「名将言行録㈠」岩波文庫
河合正治編「毛利元就のすべて」のうち小都隆「元就合戦事典」新人物往来社
河合正治「安芸毛利一族」新人物往来社
野村敏雄「小早川隆景」ＰＨＰ文庫
三宅孝太郎「安国寺恵瓊」ＰＨＰ文庫
小和田哲男「戦国合戦事典」ＰＨＰ文庫
古川薫他「智謀の人毛利元就」中公文庫
八尋舜右「毛利元就」成美文庫
海音寺潮五郎「武将列伝三」文春文庫

(2) 柴田勝家―瓶割り柴田
岡谷繁実「名将言行録㈡」岩波文庫

(3) 竹中半兵衛―稲葉山城乗っ取り
小和田哲男「戦国参謀頭の使い方」三笠書房

(4) 島津家久―島原城の戦い
岡谷繁実「名将言行録㈢」岩波文庫

(5) 酒井忠次―鳶ヶ巣山を夜襲
岡谷繁実「名将言行録㈢」岩波文庫
桑田忠親監「武将名言１００話」立風書房

(6) 羽柴秀吉―鳥取城を兵糧攻め
榊山潤訳「信長公記（下）」教育社
池宮彰一郎「本能寺下」毎日新聞社
吹上流一郎「常勝参謀黒田如水」成美文庫
新人物往来社編「豊臣秀長のすべて」のうち池田昭一「豊臣秀長とその時代」新人物往来社
浜野卓也「黒田官兵衛」ＰＨＰ文庫
小和田哲男「戦国合戦事典」ＰＨＰ文庫
桑田忠親監「武将名言１００話」立風書房

(7) 羽柴秀吉―備中高松城を水攻め
海音寺潮五郎「武将列伝三」文春文庫
山路愛山「豊臣秀吉（上）」岩波文庫
安藤英男編「黒田如水のすべて」のうち

甲斐素純「黒田如水合戦事典」新人物往来社
小和田哲男「戦国合戦事典」PHP文庫
桑田忠親監「武将名言100話」立風書房
高柳光寿「本能寺の変」学研M文庫
海音寺潮五郎「武将列伝三」文春文庫
(8) 蒲生氏郷―岩石城を力攻め
海音寺潮五郎「武将列伝四」文春文庫
南条範夫「武家盛衰記」文春文庫

6 部下を思う

(1) 甘利晴吉―部下の命を救う
岡谷繁実「名将言行録(一)」岩波文庫
(2) 加藤清正―下僕の心懸けを賞す
岡谷繁実「名将言行録(四)」岩波文庫
(3) 加藤清正―飯田覚兵衛の述懐
岡谷繁実「名将言行録(四)」岩波文庫
(4) 立花道雪―家臣全員を勇士にする
岡谷繁実「名将言行録(三)」岩波文庫
(5) 徳川家康―家康の宝
神坂次郎「徳川家康」成美文庫

7 主君を思う

(1) 木下藤吉郎―信長の草履取り
岡谷繁実「名将言行録(三)」岩波文庫
(2) 本多作左衛門―家康の疔を治す
岡谷繁実「名将言行録(六)」岩波文庫
(3) 堀直政―供をする時の覚悟
岡谷繁実「名将言行録(三)」岩波文庫
(4) 福島正則―茶道坊主の忠義に感ず
岡谷繁実「名将言行録(四)」岩波文庫
(5) 大崎長行に奉公した女
岡谷繁実「名将言行録(四)」岩波文庫

8 主君を諌める

(1) 浅野長政―秀吉の朝鮮政策に苦言
岡谷繁実「名将言行録(四)」岩波文庫
海音寺潮五郎「武将列伝五」文春文庫
(2) 鈴木久三郎―家康の鯉を食う
岡谷繁実「名将言行録(五)」岩波文庫
(3) 本多作左衛門―家康のやり方を批判
岡谷繁実「名将言行録(六)」岩波文庫
(4) 本多作左衛門―秀吉の前で悪態をつく
岡谷繁実「名将言行録(六)」岩波文庫
(5) 毛利但馬―黒田長政に苦言
岡谷繁実「名将言行録(四)」岩波文庫

9 主君へ不満

(1) 加藤清正―加増の仕方に不満
海音寺潮五郎「加藤清正上」文春文庫
安藤英男編「加藤清正のすべて」のうち
安藤英男「加藤清正・その生涯と人物」
新人物往来社
(2) 井伊直政―増地が少ないのに不満
岡谷繁実「名将言行録(七)」岩波文庫

10 殉死

(1) 稲葉一鉄―命を助けた下人
湯浅常山「常山紀談上巻」岩波文庫
(2) 殉死の辞世―ある下人の歌
岡谷繁実「名将言行録(七)」岩波文庫
(3) 池田利隆―殉死を止める
湯浅常山「常山紀談下巻」岩波文庫

11 人を目利きする

(1) 高坂昌信―犬神使いを斬る
岡谷繁実「名将言行録(一)」岩波文庫
(2) 織田信長―偽善僧を成敗する
岡谷繁実「名将言行録(二)」岩波文庫
(3) 北条氏康―子氏政を目利きする
岡谷繁実「名将言行録(一)」岩波文庫
(4) 可児才蔵―兵法者を目利きする
岡谷繁実「名将言行録(四)」岩波文庫
(5) 豊臣秀吉―石田三成を召し出す
岡谷繁実「名将言行録(五)」岩波文庫
(6) 土屋検校―信玄・謙信と秀吉の違い
岡谷繁実「名将言行録(三)」岩波文庫
(7) 蒲生氏郷―弁才の知者を退ける
岡谷繁実「名将言行録(三)」岩波文庫
(8) 徳川家康―平塚越中守を助命する
岡谷繁実「名将言行録(五)」岩波文庫

12 人と付き合う

(1) 武田信玄―天沢に信長のことを聞く
奥野・岩沢校注「信長公紀」角川文庫
(2) 佐々成政・前田利家・柴田勝家―功名譲り
岡谷繁実「名将言行録(二)」岩波文庫
(3) 豊臣秀吉―源頼朝と天下友達
岡谷繁実「名将言行録(三)」岩波文庫
(4) 蒲生氏郷―西村左馬之允と相撲
岡谷繁実「名将言行録(三)」岩波文庫

海音寺潮五郎「武将列伝四」文春文庫
(5) 徳川家康―鳥居元忠に娘捜しを頼む
岡谷繁実「名将言行録㈥」岩波文庫
(6) 本多三弥―主君へ直言する
海音寺潮五郎「武将列伝四」文春文庫
湯浅常山「常山紀談中巻」岩波文庫
(7) 伊達政宗―鈴木石見を招待する
岡谷繁実「名将言行録㈢」岩波文庫

13 人をかばう

(1) 前田利家―浅野長政父子を救う
岡谷繁実「名将言行録㈡」岩波文庫
(2) 徳川家康―伊達政宗をかばう
岡谷繁実「名将言行録㈢」岩波文庫
海音寺潮五郎「伊達政宗下」六興出版
(3) 徳川家康―小早川秀秋を弁護する
岡谷繁実「名将言行録㈤」岩波文庫

14 内助の功

(1) 山内一豊の妻千代―夫に名馬を買わす
岩原信守「山内一豊夫妻と馬の話について」南国史談第25号
(2) 細川忠興の妻玉子（ガラシャ）―その生涯
上総英郎編「細川ガラシャのすべて」新人物往来社
小和田哲男「人物編日本の歴史がわかる本」三笠書房
永井路子「歴史をさわがせた女たち日本編」文春文庫
中村晃「直江兼続」PHP文庫
(3) 真田信幸の妻小松―城を守る
池波正太郎「さむらいの巣」PHP文庫
佐竹申伍「真田幸村」PHP文庫
(4) 木村重成の妻―夫への遺書
新渡戸稲造著矢内原忠雄訳「武士道」岩波文庫
新渡戸稲造著奈良本辰也訳「武士道」三笠書房

15 学問とその功

(1) 細川藤孝―灯油を盗んで夜学する
岡谷繁実「名将言行録㈡」岩波文庫
(2) 武田信玄―聴き学問を勧める
岡谷繁実「名将言行録㈠」岩波文庫
(3) 聴き学問① 武田信玄―老武者の話を聴く
岡谷繁実「名将言行録㈠」岩波文庫
(4) 聴き学問② 山県昌景―武芸四門
岡谷繁実「名将言行録㈠」岩波文庫
(5) 聴き学問③ 山県昌景―いつも初めての合戦
岡谷繁実「名将言行録㈠」岩波文庫
(6) 聴き学問④ 馬場信房―敵を見分ける
岡谷繁実「名将言行録㈠」岩波文庫
(7) 聴き学問⑤ 高畑三河―度々戦っても疲れず
湯浅常山「常山紀談上巻」岩波文庫
(9) 稲葉一鉄―学問の功で命が助かる
岡谷繁実「名将言行録㈢」岩波文庫
(10) 島津義久―和歌で人質を取り戻す
岡谷繁実「名将言行録㈢」岩波文庫
(11) 長宗我部元親―〝袖鏡〟を編集する
岩原信守校注「土佐物語」明石書店

16 教訓

(1) 織田信長―小姓を教育する
「備前老人物語」史籍集覧
(2) 黒田官兵衛―いたずら者を仕付ける
岡谷繁実「名将言行録㈣」岩波文庫
(3) 黒田官兵衛―博打《う》ちを戒める
岡谷繁実「名将言行録㈣」岩波文庫
(4) 黒田長政―若侍を諭す
岡谷繁実「名将言行録㈣」岩波文庫
(5) 板倉勝重―子重宗を戒める
岡谷繁実「名将言行録㈦」岩波文庫
(6) 蜂須賀家政―孫を訓戒する
岡谷繁実「名将言行録㈣」岩波文庫
(7) 徳川家康―質素倹約
海音寺潮五郎「伊達政宗下」六興出版
(8) 〝小僧三か条〟の教訓
池波正太郎「さむらいの巣」PHP文庫
岡谷繁実「名将言行録㈤㈦」岩波文庫

17 知恵の働き

(1) 太田道灌―将軍の猿を仕付ける
岡谷繁実「名将言行録㈠」岩波文庫
(2) 木下藤吉郎―清洲城の石垣修理
岡谷繁実「名将言行録㈢」岩波文庫
(3) 木下藤吉郎―墨股城を築く

吉田蒼生雄「武功夜話一」新人物往来社
桑田忠親編「豊臣秀吉のすべて」のうち
米原・二木「豊臣秀吉合戦事典」新人物往来社
津本陽「信長私記」新潮文庫
津本陽「のるかそるか」文春文庫

(4) 山中鹿之介―盗人を懲らしめる
岡谷繁実「名将言行録(一)」岩波文庫

(5) 石田三成―米俵で堤防を修理する
岡谷繁実「名将言行録(五)」岩波文庫

(6) 加藤清正―危急の場の武略
加来耕三「家康の天下取り」中公文庫

(7) 後藤又兵衛―戦況を予測する
岡谷繁実「名将言行録(五)」岩波文庫

(8) 直江兼続―冥土へ使いを送る
岡谷繁実「名将言行録(二)」岩波文庫

(9) 東軍武将の妻子―大坂脱出作戦
安藤英男編「加藤清正のすべて」のうち
池内昭一「清正と関ヶ原役」新人物往来社
安藤英男編「黒田如水のすべて」のうち
小石房子「如水をめぐる女たち」新人物往来社

(10) 小早川隆景―深謀遠慮
岡谷繁実「名将言行録(一)」岩波文庫

(11) 板倉勝重―町奉行と所司代
岡谷繁実「名将言行録(七)」岩波文庫

(12) 板倉勝重―盗賊を見付ける
岡谷繁実「名将言行録(七)」岩波文庫

(13) 本多正信―家康と秀忠の仲を取り持つ
岡谷繁実「名将言行録(六)」岩波文庫

18 情の働き

(1) 原虎胤―敵の老武者をいたわる
岡谷繁実「名将言行録(一)」岩波文庫

(3) 島津義弘―愛馬に以心伝心
岡谷繁実「名将言行録(三)」岩波文庫

(4) 日本の犬―明の虎を倒す
海音寺潮五郎「さむらいの本懐」文春文庫
杉本苑子「太閤さまの虎」中公文庫

19 礼儀

(1) 稲葉一鉄―雑賀衆を帰服させる
岡谷繁実「名将言行録(三)」岩波文庫

(2) 稲葉一鉄―徳川勢を称賛する
神坂次郎「徳川家康」成美文庫
童門冬二「織田信長の人間学」講談社文庫

(3) 福島正則の家臣―宇喜多秀家に酒を贈る
岡谷繁実「名将言行録(四)」岩波文庫

20 戦争

(1) 戦場の怖さ―その実態
吉川英治「上杉謙信」講談社
吉川英治「新書太閤記(四)(六)」講談社
吉川英治「われ以外みなわが師」学陽書房
海音寺潮五郎「武将列伝三」文春文庫
永岡慶之助「大坂の陣名将列伝」学研M文庫
安藤英男編「加藤清正のすべて」のうち
田井友季子「清正をめぐる女たち」新人物往来社

(2) 戦争の残酷さ―ひどい戦後
笹本正治「武田信玄」中公新書
石川能弘「山本勘助」PHP文庫
津本陽「信長私記」新潮文庫
津本陽「武神の階」角川文庫
磯貝正義編「武田信玄のすべて」のうち
坂本徳一「武田信玄合戦総覧」新人物往来社
堺屋太一「秀吉二」文春文庫
花村奨「前田利家」PHP文庫
浜野卓也「吉川元春」PHP文庫
鈴木良一「豊臣秀吉」岩波新書

【著者紹介】

岩原信守（いわはら・のぶもり）

大正12（1923）年９月、高知県に生まれる
玉川大学文学部教育学科卒業（通信教育）
高知県公立小学校長、南国市立教育研究所長
高知県立歴史民俗資料館古文書調査員
南国市教育委員を歴任
現在、南国市文化財審議委員
著書「土佐物語」校注・明石書店
　　「武将たちの四季」元就出版社
住所：高知県南国市上野田739-49

武士《ぶし》の実像《じつぞう》

二〇〇五年三月三十一日　第一刷

著者　岩《いわ》原《はら》信《のぶ》守《もり》

発行人　浜　正史

発行所　元《げん》就《しゅう》出版社

〒171-0022　東京都豊島区南池袋四—二〇—九
サンロードビル2F・B
電話　〇三—三九八六—七七三六
FAX　〇三—三九八七—二五八〇
振替　〇〇一二〇—三—三一〇七八

印刷　中央精版印刷

ISBN4-86106-025-7　C0021